発達障害とグレーゾーン
子どもの未来を変えるお母さんの教室

発達科学コミュニケーショントレーナー・臨床発達心理士
吉野加容子

青春出版社

はじめに

「接し方」を少し変えると、子育ては大きく変わる

じっとしていられない、言葉がうまく出ない、話がかみ合わない、思い通りにいかないと強いかんしゃくが出る……。

これらはすべて、発達障害を抱える子どもに見られる特性（症状）です。

この本を手に取ってくださったあなたは、お子さんのこのような「困った言動」にどう対応すればいいのか、日々、悩んでいるのでしょう。

中には、少しでも子どもの状況がよくなれば……と、ネットや本、ときには専門家のもとに通うなどして、発達障害について情報を集め、勉強している方もいるかもしれません。

しかし、必死で情報を集め、アドバイス通りに育児をしているにもかかわらず、なかなかうまくいかないケースも多いようです。

私のところに相談に来るお母さんたちも、そのほとんどが最初は、

「なにをやっても、うまくいかなくて……」

「うちの子は、一生自立できないいんじゃないか」

と、先が見えない子育てに大きな不安を感じています。


この本を読んでいる方の中にも、同じような不安に押しつぶされそうになっている方がいるかもしれません。


しかし、確信を持って言えます。

「発達障害の子を伸ばす適切な対応」をすれば、〝伸びない子〟はいません。

どんな子でも、絶対になんとかなります。

本書では、発達障害の子を伸ばす適切な対応とはなにか——。その具体的な方法をお伝えしていきます。

子どもを伸ばすカギは、親子のコミュニケーションにある！

私は「発達科学コミュニケーショントレーナー」として、発達が気になるお子さんと、そのお母さんたちを支援しています。約15年間で数えきれないほどのお子さん、お母さんたちにお会いしてきました。

私が発達支援の現場でおこなっていることは、たった1つ。
お母さんやお父さんに、〝発達障害の子を伸ばすコミュニケーション〟をお伝えすることです。

周囲の人、とくにお母さんが子どもに対して適切な接し方をすると、子どもはぐんぐん伸びていきます。先にお伝えした**「発達障害の子を伸ばす適切な対応」とは、親子のコミュニケーションを変え、親が子どもを伸ばす接し方をすること**なのです。

なぜ、接し方を変えることが、子どもの発達を促すのか。
簡単に説明しましょう。

発達が気になる子、気にならない子にかかわらず、すべての子どもの脳は、成長途中の「未完成な状態」です。

子どもの脳は、お母さん、お父さんをはじめとするまわりの人との関わり、周囲の環境からさまざまな情報を得て、徐々に成長していきます。子どもにとってはまわりにあるものすべてが、脳の成長のための栄養なのですね。

とくに、一番身近な存在であるお母さんとの会話は、子どもの脳の成長に大きく関わることが脳科学的にもわかっています。

子どもの脳にとって、お母さんとの会話は、さまざまなことを知り、勉強するための大きなチャンス。だからこそ、お母さんが子どもへの接し方を意識して変えるだけで、子どもの脳はぐっと伸びるのです。

コミュニケーションを変えると、子育てがラクになる

本書でお伝えする発達障害の子どもを伸ばすコミュニケーション法は、これまで学んできた教育学、心理学、脳科学の知識と、私自身の約15年間の発達支援の経験をべ

ースにして、独自にまとめたものです。

このコミュニケーション法を続けていただくと、もう1つ、とてもうれしいことが起こります。それは、**「お母さんのストレスがなくなり、子育てがラクになる」**ということです。

発達障害やグレーゾーンの子を育てるのは本当に大変です。

発達障害の特性は、脳の機能障害が大きな原因のため、子ども本人の意思ではどうにもできません。

しかし、いくら〝仕方ないこと〟だとしても、毎日、その特性につき合わなければならないまわりの人は、精神的にも肉体的にも疲れてしまいます。

怒っても怒っても子どもが言うことを聞かない、何度同じことを言っても子どもに届かないという親子間の会話は、お母さんにとって大きなストレスになるのです。

本書でお伝えするコミュニケーション法を実践していただくと、親子でスムーズなコミュニケーションが取れるようになり、子どもがお母さんの話を聞けるようになるので**「子どもが言うことを聞かない」「いつも怒ってばかりでしんどい」というお母さんの悩みが解決します。**

このコミュニケーションを実践しているお母さんからは、毎週のように「笑顔が増えた」「子育てがグッとラクになった」といううれしい報告が届いているのです。

頑張る必要なし！　いつもの言葉を少しだけ変えよう

「子どもを変えるには、まず、お母さんが変わるのが大事です」

これまでに何度もこの言葉を講座やカウンセリングでお伝えしてきました。

このようにお伝えすると「よし！　頑張ってコミュニケーションを変えるぞ！」と、意気込んでくださるお母さんがいるのですが、それはしないでくださいね。

なぜなら、「頑張る」と「変わる」は別モノだからです。

お母さんたちも、子どもたちも、もうすでに十分頑張っていますから、これ以上頑張る必要はありません。

頑張らなくていいので、いつもの言葉を少しだけ変えてみませんか。

言葉が変わると、お母さんと子どものコミュニケーションが変わります。

そして、その新しいコミュニケーションを通して、自分は人とはちょっと違うと感じて自信を失いかけている子どもたちには、「自分にもできることはたくさんあるんだ」と、自信を持ってもらいたいと思っています。

お母さんが与えてくれた自信があれば、子どもたちは将来、自分で道を切り開いていくこともできるはずです。

お母さんの新しいコミュニケーションが、子どもの未来を変えるのです。

今できることを1つずつ、私と一緒に、実践していきましょう。

子どもが充実した人生を歩んでいけるように。そして、お母さんが、子育てにもっと喜びと幸せを感じられるように。

誰よりも応援しています。

コミュニケーションを変えたら
子どもがぐんぐん伸びた！
体験者の声

かんしゃくが消えて、落ち着きました

10歳の女の子の母です。講座を受ける前は、ひどいかんしゃくグセがあり、毎日絶望的な気分でした。吉野先生のアドバイス通り、娘への接し方を変えたところ、毎日のように起きていた強いかんしゃくが減りました。今ではかんしゃくを起こすことはめったにありません。本当に接し方を変えるだけでいいのか不安でしたが、まずは3カ月と決めて続けてよかったと今では思っています。（ADHDタイプ、小学5年生女子の母親）

自信がついて、自分で行動するように！

学校や病院では具体的な対策に進まないことに焦り、毎日口うるさくなって、本人にすごく負担をかけたと反省して始めました。そうしたら朝の準備が自分でできるようになったり、学校でも行動がしっかりしてきたり、ゲームも自主的に15分でやめられたり、本当にびっくりしています！ 勉強がつらくて泣いていた学校も今は笑顔で登校し、本当に親子で乗り越えたと感じています！（LD・ADHDタイプ、小学2年生男子の母親）

たった2カ月で子どもが話しだした！

３歳半になっても「マ！」というひと言しか出てこない息子に不安になり、吉野先生の講座を受けました。驚いたのは、コミュニケーションを変えて、たった２カ月後に「マ！」以外の言葉が出たことです。そこから徐々に言葉が増え、半年経った今では、話せなかったことが嘘のよう。よく話しかけてくれるのがうれしいです。（自閉症スペクトラムタイプ、４歳男子の母親）

不登校＆スマホ依存の娘が変わりました！

優等生だった自慢の娘が突然、中学から不登校に。昼すぎに起きてスマホばかりする娘を怒鳴り、自分の娘なのに「この子は一体なんなの？」と感じるどん底な日々でした。そんなときに吉野先生のご指導を受け、娘が大変身！ 朝早く起きて勉強したり、家の手伝いをしたり、友だちと出かけるようになりました。（自閉症スペクトラムタイプ、中学２年生女子の母親）

こんなにすぐ効果が出ると思わなかった

自己肯定感が低く、「どうせ僕なんか」と落ち込むので、いつか不登校になるのではと不安がいつもありました。発達科学コミュニケーションを開始すると、素直に行動するようになって家庭内のトラブルがなくなりました。こんなにすぐに効果が出ると思わなかったので、驚いています！（ADHDタイプ、小学６年生男子の母親）

『発達障害とグレーゾーン　子どもの未来を変えるお母さんの教室』もくじ

1限目　お母さんのひと言で、子どもは絶対変わります

2限目 しっかり知りたい！ 発達障害ってそもそもなに？

4限目

子どももお母さんも悩みやすい！「困ったこと」の対処法……141

6限目

編集協力…渡辺のぞみ
カバーイラスト…なかがわみどり・ムラマツエリコ@k.m.p.
本文イラスト…伊藤美樹
本文デザイン…岡崎理恵
DTP…キャップス

1限目

お母さんのひと言で、子どもは絶対変わります

「うちの子、発達障害かも？」と思っているお母さんへ

最近、「発達障害」という言葉を聞く機会が増えたことを実感しています。テレビの特集や子育て雑誌などでも、テーマとして取り上げられていますし、私が発達障害の研究・療育（子どもを自立させるための治療や教育）に取り組むようになった15年前に比べると、発達障害は、確実に身近なものになりました。

実際に発達障害の子どもや大人はこの数年で、右肩上がりに増えています。

この本を手に取ってくださった方の中にも、ネットやテレビ番組で情報を得て「もしかすると、うちの子って発達障害なんじゃ……？」と、悩んでいる方が多くいるのではないでしょうか。

発達障害とは、脳のある部分が発達していなかったり、脳に機能障害があることで起こるさまざまな状態のことを指します。

子どもの頃によく見られる代表的な特性は、

・言葉が遅れている、もしくは、言葉がなかなか増えない
・特定の物事に強い「こだわり」がある（決まった道順しか通れない、決まった洋服しか着られない……など）
・ちょっとしたことで、激しいかんしゃくを起こす
・じっとしていられない、何度同じことを注意しても覚えない
・運動会やお遊戯会などの行事が苦手で、1人だけ参加できない

などです。

身長や体重が増えて体が大きく成長するように、脳も成長していきます。成長の過程で、知覚、記憶力、思考力など、さまざまな力が備わっていくのですが、なんらかの理由で脳の発達のスピードがゆっくりになることがあります。

脳の発達が部分的に遅れ、できることとできないことの差が大きく、能力が凸凹《でこぼこ》の状態。これが、発達障害です。

発達障害の特性（症状・行動や認知の特徴）は、その人、その人によってさまざまです。

知的障害をともなった重い特性に悩む人もいれば、基本的には不自由なく暮らせるけれど、ある場面や特定の事柄において困り事を抱える人もいます。


さらに、発達障害というと病院で診断される重い特性だけを想像する方もいますが、**「ちょっと育てにくい子ども」「普通の子よりもちょっと大変な子」の中にも、発達障害の特性を持っている子たちがいます。**

そのような子たちは「じっとできない」「かんしゃくが強い」などの発達障害の特性はあるのですが、病院などに行って検査を受けると「問題ありません」と言われます。発達の遅れが、診断基準を満たしていないからです。

このような子どもたちを、発達障害における**「グレーゾーン」**と呼びます。

「ちょっと育てにくい」だけじゃなかった!? 判別が難しい〝グレーゾーン〟とは

「自分の思い通りにならないと、大声を出す」

「片づけが苦手で忘れ物やなくし物が多い」

「1度に2つ以上のことができない」

「相手の様子にかまわず、一方的に話し続ける」

「相手の気持ちを読み取ったり、空気を読んだりするのが苦手」

これは、グレーゾーンの子どもたちによく見られる特徴です。


私のところに相談に来てくださるお子さんにも、グレーゾーンの子は多くいます。

はっきりとした統計は出せないのですが、これまでの発達支援の経験から考えると、**世の中全体的にもグレーゾーンの子どものほうが、発達障害と診断がつく子どもより、断然多いのではないかと考えています。**

グレーゾーンの子どもを持つお母さんの中には
「うちの子はグレーゾーンみたい。でも、どうしたら……」

と、悩んでいる方も多いようです。

「脳が問題なく発達している状態、いわゆる定型発達」と「グレーゾーン」には明確な境界線がないので、どうすればいいかわからず悩みやすいのですね。

その気持ちは、とてもよくわかります。

病院での診断はつかないから、療育は受けられない。でも、普通に子育てをするには、子どもの特性が激しすぎて、あまりにも大変……。

お母さんがどうしたらいいのかわからなくなるのも、当然だと思います。

でも、実は子育てにおいて大事なことは、定型発達の子でも、グレーゾーンの子でも、発達障害の子でも変わりません。

大事なのは「今、目の前にある発達の課題を認識し、具体的に、そしてできるだけ早めに、その課題をクリアするように動くこと」です。

本書では、それがスムーズにできるようになる「**コミュニケーション**」をお伝えします。

このコミュニケーションは、もともとは発達障害やグレーゾーンの子どもたちのためにつくっていますが、定型発達の子にも効果があります。

ですから発達障害か、グレーゾーンか、定型発達か……。その「名前」にはこだわらずに、子育てに悩みを抱えていたら、ぜひ試してみてください。

お母さんが支援するから、どんな子も伸びる！　変わる！

私は現在、発達障害の子どもを持つお母さん向けに、子どもを伸ばすコミュニケーションを伝える講座を開いています。

私の講座にいらっしゃるお母さんたちは、最初はみなさん、ドヨーンと落ち込んでいることが多いです。なかなかうまくいかない日々の子育てに疲れていたり、周囲に理解されずに孤軍奮闘していれば、落ち込むのも無理はありません。

そして、そのお母さんたちのほとんどが、子どもの将来に不安を抱えています。

4歳で話しださない息子さんに「この子は、一生言葉を話せないのでは」と不安を抱えるお母さん。

少しのことでも思い通りにならないと、暴言を吐きながら泣きわめく子どもに「これで将来、やっていけるのかな」と心配するお母さん。

学習障害で字が読めず、学校に行きたがらない娘さんに、どう接すればいいかわからなくなってしまったお母さん。

今までいろんなお母さんにお会いすることができました。これまでにお会いしたお母さんたち全員に私が伝えたのは、

「今がどれだけ大変でも、絶対にどうにかなりますよ」

ということです。

無責任に聞こえる方もいるかもしれませんが、本当です。

実際にこれまでにも、大変な状態から少しずつ困り事をなくし、お母さんも驚くほど成長した子どもたちをたくさん見てきました。

そのほとんどのケースで、子どもの成長を促すキーマンとなっていたのは、お母さんです。**お母さんが子どもとのコミュニケーションを変えることで、子どもの脳は驚くほど成長します。**

具体的な方法はあとでしっかりお伝えしますが、まずはそのことをお母さんにわかっていただけたらと思います。安心してくださいね。適切な対応で子どもの成長を促せば、どんな子でも絶対なんとかなるし、伸びていきます。

「たぶん大丈夫」と思う子ほど、早めの対応を

発達障害の子どもを伸ばすには、お母さんと子どものよいコミュニケーションが欠かせません。発達障害の特性が見られたら、できるだけ早くコミュニケーションを変えたほうがいいのですが、とくに**グレーゾーンの子は、より早めに、親子間のコミュニケーションを見直しましょう。**

なぜなら、グレーゾーンの子は「定型発達の子どもたちと正面切って戦っていかなければいけないから」です。

戦うという言い方は少し大げさに感じられるかもしれませんが、定型発達の子たちと肩を並べて勉強して、その中で仕事を得て、自立していくということは、その過程で、勉強や面接を通してほかの子どもたちと戦うと言ってもよいでしょう。

診断がついている発達障害の子は、公的な支援を受けることができます。

特性が強くなれば、もちろんそれだけ大変なこともありますが、そのぶん公的な支援を受ける機会も増えるでしょう。仕事を世話してもらえたり、療育施設が整っていたりと、社会から守ってもらえる可能性が、グレーゾーンの子たちより高いのです。

一方、グレーゾーンの子たちは診断がついていないぶん、特性があったとしても、社会から守ってもらうことができません。

学校でも定型発達の子たちと同じ土俵で学び、生活し、働きます。

そのため、グレーゾーンの子たちが特性をそのままにしておくと、後々、学習面や対人関係でトラブルが発生したり、周囲から理解が得られなくてつらい思いをすることがあるのです。

特性にも、そしてそこから生まれる悩みにも優劣はありません。しかし、このような現実があるからこそ、グレーゾーンの子は学校や生活の中で悩む機会が多いと、私は感じています。だからこそグレーゾーンの子こそ、できるだけ早く、対応を開始することが必要なのです。

〝発達障害が目立たない〟ことが、裏目に出る可能性も

グレーゾーンの子こそ早めの対応を……とお伝えするのには、もう1つ理由があります。

グレーゾーンの子どもたちは、身体面での発育は正常ですし、知的障害もありません。そのため、一見すると、いわゆる普通の子となんら変わらないように見えます。

ところが、子どもと長く接しているお母さんたちは「なにかがほかの子と違う」「うちの子の行動、どうも気になるなぁ」という不安を抱えていることが多いのです。

とくに保育園や小学校に入園、入学するなどの生活に変化が生じるタイミングで、「あれ……うちの子、なんか大丈夫?」と、思うお母さんはたくさんいるようです。

でも、こういった〝ちょっとした不安〟は、〝決定的な不安〟にはなりにくいため、

小さな不安は抱えつつも、「今の年齢なら、これくらいは仕方ないかな」と、お母さんたちはなんとなく問題を先送りにしがちです。

ここにグレーゾーンならではの難しさがあります。

グレーゾーンの子どもたちには年相応の知能があり、身体的な発育も正常なため、〝発達障害が目立たない〟のです。

特性が強い子であれば、療育センターや支援級で、早い段階から専門家に診てもらう機会があります。しかし、グレーゾーンの子どもたちは、そういった医療や制度の網の目から抜け落ちてしまいがちになるのです。そのため、本当は見過ごしてはいけない特性が放置されたまま、大人になってしまいます。

本来なら対応を早くしなければならないにもかかわらず、グレーゾーンの子たちの対応が遅れがちになるのにはこんな理由があるのです。

だからこそ、一番近くで子どもを見ているお母さんが〝?〟と思った気持ちを大事にしてください。不安を抱えたら、早めに対応することが大切です。

“親子のコミュニケーション改革”に勝る方法ナシ！

講座に来てくださるお母さんの中には、

「親子のコミュニケーションを変えるより、発達支援の専門家に子どもを任せたほうが、いいのではないか」

「親がなにかするよりも、よりよい病院を選んでそこで支援を受けたほうが、子どもの発達は早いのでは」

と、悩んでいる方もいらっしゃいます。

「子どもの発達を促すための対応をする」というと、なんだか難しいことに感じますし、専門家に一任したほうがよい結果が出るのではないかと、思ってしまいますよね。

でも、これまでの発達支援の経験から、自信を持ってお伝えできます。

発達障害の対応は、お母さんと子どもが一緒にいる「家庭」で「普段のコミュニケーションを通じておこなう」のが、一番いいのです。

それが、子どもにとってもお母さんにとっても最も効果的でラクな方法だと確信しています。

お母さんが発達支援をすると、成長のチャンスが増える

お母さんは、良くも悪くも、子どもと過ごす時間が長いですね。

お父さんが子育てに協力的になっている家庭が増えているとはいえ、子どもが小さな頃はお母さん主導で子育てをおこなう家庭がたくさんあると思います。

だからこそ、お母さんが我が子の発達支援のプロになれば、子どもは日々伸びていくのです。

学校や保育園以外のほとんどの時間、子どもと一緒にいるお母さんが、子どもの発達を促すことができれば、単純に子どもが発達支援を受けられる時間を増やせます。

週に1回、少なければ月に1回程度になってしまう療育よりも、ずっと効果的に子どもの発達を促せるのです。

また、お母さんが適切な方法で子どもとコミュニケーションを取ることは、子どもの将来にとっても大切です。

もし、お母さんが適切なコミュニケーションを取れずに、間違った方法で子どもに接し続けると、発達を促すどころか、子どもの特性をエスカレートさせてしまう可能性もゼロではありません。

少し耳が痛い話かもしれませんが、聞いてくださいね。

発達障害、そしてグレーゾーンの子どもたちは、小さな頃から〝困り事〟をたくさん抱えています。じっとしていられない、順番が待てない、まわりの人の気持ちがわからない……。困り事がたくさんあるぶん、お母さんが子どもを叱りとばすのが、「いつものこと」になっている家庭も多いようです。

お母さんにいつも叱られている子どもは、物心ついたときから、激しい口調で叱ったり注意してくるお母さんに慣れています。そのため、お母さんに対抗するために、子ども自身がさらに口汚くなったり、反抗的になっていくのです。

自閉症スペクトラムの傾向がある子であれば、お母さんに口で対抗できないので、自分を責めて心のバランスを崩してしまうこともあるでしょう。

このように、お母さんにとっては子どものためによかれと思ってやっていることであっても、少し伝え方が間違っているだけで、子どものかんしゃくをひどくしたり、子どもの心を傷つける原因になるのです。

「子どもが失敗する⇓お母さんが叱る⇓子どもが反抗する、もしくは、精神的にダメージを受ける⇓お母さんの怒り・疲れにつながる」という悪循環が起きるのですね。

この悪循環はお母さんが子どもとのコミュニケーションを見直し、言葉や態度を少し変えるだけで、断ち切ることができます。だからこそ、お母さんが発達支援のプロとなり、子どもとの適切なコミュニケーションを整えることが大切なのです。

「なんでこうなるんだろう」という悩みや不安が消える

さらに私が、お母さん方に発達支援のプロになるのをオススメしているのには、もう1つ理由があります。

それはお母さんが子どもの支援法を知っていれば、子どもの発達を促せるだけでなく、お母さん自身がとてもラクになるからです。

発達支援の目線で子どもと向き合うと、突然かんしゃくを起こす、1つの物事にこだわって動けなくなる……などの子どもの困った行動の裏にある理由が、少しずつわかるようになります。

すると、「なんでうちの子は、こんなことするんだろう」というお母さんの悩みが1つ消えます。子どもの困った行動の理由がわかるだけで、お母さんの心はだいぶ軽くなるはずです。

また、**正しい対応を家庭でおこなうことで、困り事も、徐々に少なくなります。**

困り事が少なくなれば、お母さんの子育てはずっとラクになるでしょう。

そっか…
このパジャマが 好きなのにー!
イヤー!!

今、対応を始められるかどうかが、子どもの将来を決める

「発達支援のプロになる」なんて言われると、すごく難しいことをしなければいけないのでは……と思うお母さんもいらっしゃるかもしれません。

でも、プロといっても、専門的なことをみっちり学ばないといけないわけではありません。ポイントを押さえつつ、**子どもとのコミュニケーションを変えるだけで、発達支援のプロになることができます。**

コミュニケーションを変えるだけなら、今すぐにでも、できそうではないですか。

実際、対応は早ければ早いほどいいと、私は思っています。

私のところにはいろんな親子が相談に来ますが、中には、高齢のお母さんが、立派

な大人といえる年齢になったお子さんを連れてくるケースもあります。

ある60代のお母さんと30代の息子さんは、その代表例でした。

就職する会社、就職する会社で何度もトラブルやミスを起こし、仕事をクビになっては転職をくりかえす男性のことを不安に思ったお母さんが、男性を連れて相談にきたのです。

男性は小さな頃からひとり遊びが大好きで、友だちを家に連れてくることはほとんどなかったといいます。お母さんはそんな男性の様子が少し気になったものの「そういう性格の子なんだろうな」と思って、とくになにかすることはなかったそうです。

小学校、中学校にあがっても、男性の友だちが遊びに来ることも、友だちの話題が出ることもありませんでしたが、いじめを受けている様子はなかったので、お母さんは友だちについて心配するのはやめたといいます。

このほかにも、男性には小さな頃から少し気になることはありました。

たとえば、話の比喩を理解できずにそれを言葉通りに受け取ってしまうこと。

出かける準備が遅い男性を急かす意味で母親が「ねぇ、時計見て！」と言うと、その言葉の意味をそのまま受け取って、時間がないにもかかわらず、時計をじっと見ていることがあったというのです。

このような〝ちょっとした気になること〟はほかにもあったのですが、学校での成績はよく、トラブルもなかったので、お母さんは「これが、この子の普通かな」と思い、あまり気にしないでいたそうです。

この男性は、発達障害の中の1つ、「自閉症スペクトラム」の傾向がありました。発達障害のグレーゾーンだったのです。

このように、**小さな頃に発達障害の傾向が見られたものの、療育や支援を受けずに大人になると、社会に出てからトラブルが起きることが多々あります。**ひどいときは、引きこもりや出社拒否など、社会に適応できなくなるケースもあるのです。

「いつかよくなると思っていた」と言わないために

この男性のように、度重なる転職、引きこもりなどの問題が出てきて、原因をさぐっていったところ、発達障害が原因だったというケースはとても多くあります。

そのような事態に直面したお母さんたちが共通して言うのが、

「いつかよくなると思っていた」

「大人になればどうにかなると思っていた」

「もっと早く、対応してあげればよかった」


この3つです。

子どもだから少しかんしゃくが強いのは当たり前、こういう性格だから仕方ない、ちょっと個性が強くて育てにくいだけ……。このようにお母さんや家族が判断してしまい、特別な対応をしてこなかった方が、少なくないのです。

今、30代、40代で発達障害に悩む方々は、子ども時代にまだ、十分な支援を受けられませんでした。発達障害という言葉も浸透していなかったので、まさか自分の子どもが発達障害だと思うお母さんも少なかったでしょう。

それはとても残念なことであり、そのような状況であれば、大人の発達障害で悩んでしまうのも仕方ありません。

しかし、今の子どもたちは違います。

昔よりずっと「発達障害」という名前は浸透していますし、さまざまな支援も受けられます。公的な支援は、診断を受けた幼児向けではありますが、幼児でも小学校入学以降でも、家でできることはたくさんあります。

お母さんがその気になれば、コミュニケーションを変えることで、発達の特性を目立たなくすることができるのです。

だったら、今すぐにでも、始めたほうがいいでしょう。

大人になってからも発達を促すことはできますが、大人になってある程度完成した状態の脳の発達の凸凹を改善していくのは、子どもとはケタ違いの労力がかかり、大変なのです。

「頑張らない」ことが、子どもとお母さんを救う！

発達障害の子どもを育てるお母さんには、頑張り屋さんが多いように思います。毎日の子育ての中で大変な思いをしているからこそ、頑張るのが当たり前になっていることも多いでしょう。無理をすることが染みついているお母さんもいるかもしれません。

お母さん、これ以上頑張らなくて大丈夫です。

頑張ることが普通になっているからこそ、今よりずっとずっとラクをするつもりで子育てに向き合ってください。

それが、お母さんのためだけではなく、子どもの発達にもよいのです。

頑張らないで、と言われたとしても、子どもがトラブルを起こして家事をする時間が減れば、寝る時間を削らなければならないときもあるでしょう。

子どもの朝の身支度が遅くなったことで、全速力で保育園まで送り届けなければならないこともあると思います。

物理的に頑張らざるをえないこともあると思いますが、意識としては「頑張らずに子育てしよう」と、思ってほしいのです。

〝頑張ろう〟と気張ると、「絶対にコレをしなきゃ」「きちんとアレをやらなければ」という意識が強く出てしまうので、それがうまくいかなかったときに、自分を責めてしまいますし、子どもに怒ってしまいやすくなります。

ある頑張り屋のお母さんの話です。

そのお母さんは、産婦人科医として働きながら子どもを育てる、古い言葉で言えばキャリアウーマンタイプの女性。かなりの努力家で、医師になってから8年ほどで自分のクリニックを開院しました。

目的に向かって向上心を持って突き進むその姿勢は、子育てにも表れていて、発達障害のお子さんを抱えながら、家事も育児も仕事も全力で取り組んでいたようです。

彼女が私の講座に来てくれたのは、子どものかんしゃくが強くなって手をつけられなくなってきたから……という理由でした。話をよく聞くと、毎朝、身支度のときに駄々をこねる子どもを厳しく注意し続けていたところ、子どもの怒りやかんしゃくが、強くなってきたそうです。

「しっかりしつけなきゃって思っているんですが、うまくいかないんです。最近は思わず子どもに手を上げそうになって……」

と、お話ししてくれました。

これは、まさに「頑張らないと」で、子育てが行き詰まっているタイプ。状況をよくしようと頑張った結果、神経質になって子どもを怒り続けてしまうのでは逆効果です。

子どものためを思うお母さんや、しっかり者のお母さんほど、頑張り屋さんになりがちなので、どうかできるだけ気楽に子育てに向き合うことを意識してくださいね。

頑張ることから自由になるのが、発達支援の第一歩

頑張ろうと思うと言葉も強くなりがちですが、気楽にいこうと思うと、自然と優しい言葉が出てきます。すると気持ちも少しずつ、言葉に合わせて優しくなっていくのです。それは、優しい態度にもつながります。自分の態度に余裕が出ると少しずつ笑顔も増えます。

「頑張らない！」と思うだけで、自然と子どもへの催促や怒りの言葉が減り、穏やかに子どもと過ごせるようになるはずです。

家事がおろそかになっても、部屋がぐちゃぐちゃに汚れても、子どもが言うことを聞かなくても、たまには目をつぶってしまいましょう。そして、疲れたなと思ったら少し休んだり、気分転換に子どもと離れたり、リフレッシュする時間を持ってください。お父さんに子どもを任せられなくても、一時的な保育施設など使えるものはなんでも使って、とにかく休むのです。

仕事に有給休暇があるように、お母さんも、たまにはお母さんという仕事を休む日がないと続かないですから。疲れたなぁと思ったら、堂々と休んでくださいね。

お母さんが頑張ることから自由になれば、子どもへの言葉かけとコミュニケーション改革も、スムーズに進みます。

また、発達障害の子どもを育てるお母さんたちによく見られるのが、どうしたら子どもの状態がよくなるかわからず、「できることを全力で頑張ろう」と、子育てにおいて、万事完璧を目指しがちになることです。

子どもの「できないこと」「ダメなところ」ばかりが気になるので、無理もない話かもしれません。

ですから、お母さんの心の中に「頑張らない」と並んで、「完璧を目指さない」という言葉も刻んでおいてほしいのです。

私がお会いしたお母さんの中には、「計画的に夏休みの宿題ができない」と、小学校2年生のお子さんを叱責する方がいました。客観的に見ると、それは小学校高学年以上の子どもに求めるレベルのこと。まだまだできなくて当然です。

また、小学校低学年の子どもに「うちの子は空気が読めなくて心配です」と悩んでいるお母さんもいました。脳の発達から考えると、「空気を読める」というのは、15歳くらいまでに身につけていればいい能力です。

その子にとっての成長目標（ゴール）が見えないと、このような不毛な悩みに陥りやすくなってしまいます。これでは、お母さんも子どもも、クタクタになってしまいますね。

子育て全般に言えることですが、

① 子どもの支援のゴール（成長目標）はどこかを、はっきりさせる

② その子にとっての成長目標以上を求めすぎない

この2点を、忘れないようにしてください。

どのように成長目標を決めたらいいのかわかりません……というお母さんがいるのですが、往々にしてお母さんは、子どもへのハードルを上げ気味にしています。

支援の目標は、「今、子どもがちょっとだけ頑張ればできること」を目安にするとよいでしょう。子どもがたくさん頑張らなくてはできないことは、発達支援では中長期の目標になります。発達支援では、短期目標をちょこちょこクリアしていくことが大切なので、子どもが「ちょっとだけの頑張り」でクリアできるくらいの水準がちょうどいいのです。

周囲の子どもと自分の子どもを比べて落ち込む必要は、まったくありません。客観的に子どものことを見る目を持って、子どもの発達を支援していきましょう。

3カ月続けると、どんな子も驚くほど変わります

お母さんが発達支援のプロになるには、コミュニケーションを変えるだけでいいとお伝えしてきました。具体的な方法は後ほど紹介していきますが、このコミュニケーションを続けると、**大体2〜3カ月で、「今までできなかったことが、できるように**

なった」「子育てが劇的にラクになった」「何年も悩んでいた特性が軽くなった！」などの目に見える効果が出ます。

中には、たった1カ月で、子どもの変化を実感されている方もいらっしゃいます。ですから、この本を手に取ってくださった方にも、**最低でも3カ月は本書でお伝えするメソッドを続けてもらいたいと思っています。**なにかしらの変化が、必ずあるはずです。

発達障害は、気持ちで乗り越えるものではありません。

脳の発達の問題ですから、子どもの脳の科学的なメカニズムを知り、それに基づいた支援やアプローチが必要です。そのアプローチのために私が使っているのが、脳科学、心理学、教育学の知識や技術です。

3つの専門分野のいいところを使って、子どもと向き合ってきたメソッドを、お母さんたちの悩み事に対応してアレンジしたものが、本書でこれからお伝えするコミュニケーションです。

私は15年以上にわたり発達支援をおこなってきましたが、どんなにお母さんが子ど

ものことを思っていても、愛情だけではわからないことも、解決しないこともあるということを実感してきました。

子どもの発達支援には、専門の知識とテクニックが必要です。

「科学的な根拠に基づいて、このタイミングだからこそ、こういう子どもにはこんな言葉かけやコミュニケーションをする」という考え方ができるのは、発達支援をしてきた専門家ならではのものです。

ですが、子どものそばにいて誰よりも深い愛情を注げるお母さんが、発達支援ができるようになったとき、お母さんに勝る発達支援者はいないのだと思います。

発達支援のコミュニケーション法を手にしたお母さんは、鬼に金棒、いやいや、鬼にスーパー金棒ぐらいの最強の発達支援者になれるのです。

コミュニケーションを変えるのには、お金も時間もかかりません。

必要なのは、「やってみよう！」というお母さんの決断のみ。

2限目以降で、発達障害について詳しくふれつつ、実際のコミュニケーション術について具体的にお話ししていきますので、ぜひ、試してみてください。

2限目

しっかり知りたい！
発達障害ってそもそもなに？

さまざまな特性が絡まり合って「発達障害」はできている

ここまでくりかえし、子どもを伸ばすにはお母さんが子どもとのコミュニケーションを変えることが大切だとお伝えしてきました。その具体的な方法に移る前に、ここでは「なんとなくわかっているつもりだけど、自信がない」というお母さんたちに向けて、発達障害とはどういうものなのか、簡単にお話ししていきたいと思います。

発達障害についてはは知っているから、すぐにコミュニケーション法を知りたいというお母さんは、2限目はとばして、3限目（87ページ）から読み進めてください。

発達障害とは、脳のある部分が未発達だったり、働きがうまくいかないことで起こるさまざまな状態のことを指します。

ただ、ひと言で発達障害といっても、1人ひとりが持つ特性は実にさまざまで、1つの「型」におさめられるほど、単純ではありません。

原因としては、遺伝子の染色体異常や幼少期の脳の疾患など、さまざまなものがありますが、実は多くの場合、原因がはっきりわからないことのほうが多いのです。

また、症状の度合いも軽度から重度までさまざま。「知的障害」も本来は発達障害に含まれますが、最近は知的障害と、「知的障害のない発達障害」に分けられることが増えたため、本書では、知的障害以外の代表的な発達障害である

①注意欠陥多動性障害（症）／ADHD
②自閉症スペクトラム障害（症）／ASD
③学習障害（症）／LD

この3つを取り上げていきます。

次のページにざっと、3種類の特徴をまとめました。

発達障害の種類と特性

発達障害の代表的な種類は次の３つです。

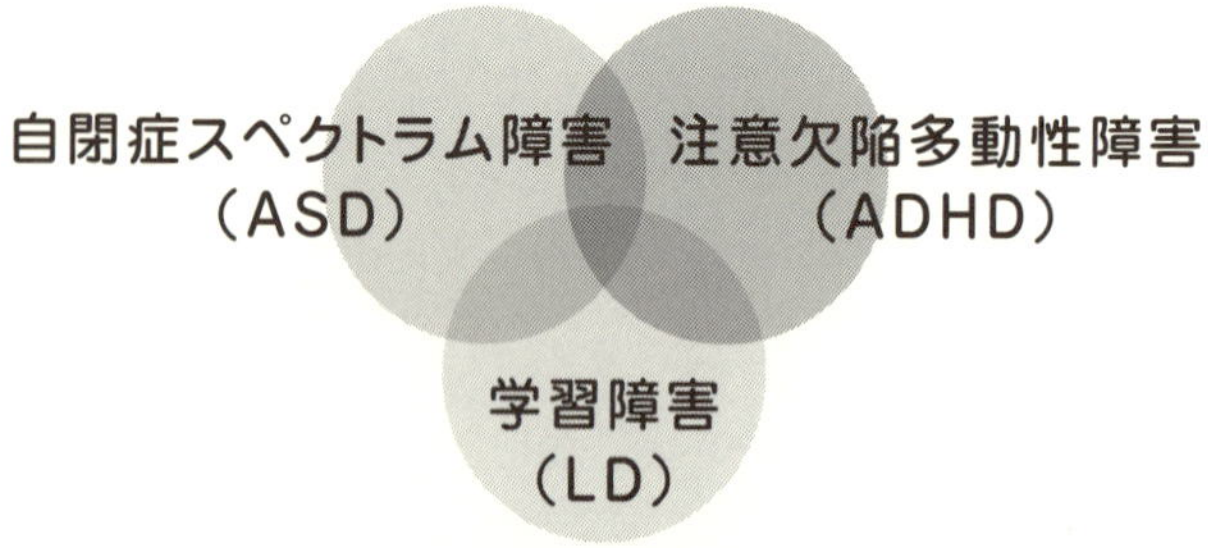

注意欠陥多動性障害（ADHD）

- 落ち着きがなく、いつも動き回っている
- しゃべりすぎる、静かに遊べない
- 高い所が好き
- 手遊びなどで、手足が常に動いている
- 突然走りだすなど、考えなしに衝動的な行動を取る
- かんしゃくを起こす、急にカッとなる
- 順番を待てない
- 相手が話し終わる前に、話し始める
- 注意したり集中したりすることが苦手
- 指示されたことをすぐ忘れる
- ケアレスミスが多い
- なくし物や忘れ物が多い
- 1度に2つ以上のことができない
- 時間や締め切りを守ったり、約束を守ることが苦手
- ぼーっとしていることが多いが、好きなことには過集中になる

自閉症スペクトラム障害（ASD）

- 一方的に話すなど、会話が成り立ちにくい
- 空気が読めず、相手の気持ちや意図をくみ取れない
- 人と関わることや、情緒的なやりとりが苦手
- 話し方に気持ちがこもっていない、紋切り型のセリフをよく使う
- 語彙が少ない、おしゃべりが少ない
- 自分の気持ちをうまく言えない
- ぎこちない動き方をする
- 暗黙の理解が苦手
- 言葉の裏の意味や比喩がわからない
- 数字、路線図などパターン化されたものを暗記するのが好き
- 強いこだわりがあって、融通が利かない
- 音や光への感覚が過敏もしくは鈍感

学習障害（LD）

- 聞く・話す・読む・書く・計算する・推論するのどれか1つ、もしくは、複数の学習、習得ができない
- 全般的に理解力が乏しい場合がある
- 何度教えても苦手領域だけは勉強が進みにくい
- 運動が苦手で、人の動きをまねたりすることができない
- 指や手をうまく使えず、ちょうちょ結びをする……などの細かな動きが小学校高学年になってもできない
- 朝起きたり、朝の支度が苦手
- できることは年相応にできるので、できないことは怠けているように見える

3種類を分けてお伝えしましたが、この中の**1つの特性だけに悩んでいる子どもは少なく、それぞれの特性を少しずつ持ち合わせているケースがほとんどです。**

これは、発達障害の子でも、グレーゾーンの子でも一緒。そのため、特性はその子により本当にさまざまだと言えます。

基本的には自閉症スペクトラムの傾向が強いけれど、ときおり衝動性を見せるなど、ＡＤＨＤ傾向もあわせ持っている子。

字を読んだり、書いたりすることが苦手で学習障害があり、さらには自閉症スペクトラムの傾向も持ち合わせている子など……。

発達障害が１人ひとりに合わせた個別の診断と支援が必要と言われるのは、１人の人間の中で、さまざまな特性が複雑に絡み合っていることが多いからです。

クラスに10％くらいはいる？「グレーゾーン」の子どもたち

1限目でも簡単にふれたグレーゾーンの子は、定型発達と、知的障害のない発達障害の間に位置します。

発達障害の特性は見られるものの、社会に適応できないほどの発達の遅れではないため、はっきりとした診断がつかない状態を指します。

グレーゾーンの子は定型発達の子どもとの区別がつけにくいので、子どもの総数の内、具体的に何％を占めているかは言いきれません。

ただ、これまで受けてきた相談の数から考えると、1クラスに10％ぐらいの割合でいるのではないかと考えられます。30人クラスなら3人くらいは、「ちょっと独特な子」「なんか変わった子」がいる……という感じですね。

グレーゾーンの子どもたちは、日常生活を送るのに問題ない知能を持っているのですが、行動に特性があるため、学校生活や集団の中で苦労することが多々あります。

さらに**グレーゾーンの特徴として、特性が少し「変わったかたち」で出ることがあります。**

たとえば、ADHDと自閉症スペクトラムの特性を少しずつあわせ持つグレーゾーンの男の子の場合。

この子の場合は、よく出る特性の1つにファミリーレストランなどでの外食で、一緒にいる人同士の注文が同じになることに「強い嫌悪感」を示すというものが、ありました。

つまり、お母さん、お父さん、その男の子、弟の4人でファミリーレストランに行ったときに、お母さんと弟の注文するものが同じになると、とたんに機嫌が悪くなり怒りだして、弟を叩いたりメニューを変えるまでぐずるのです。

これは、傍目から見ると、自分勝手なワガママのようにしか見えないでしょう。

しかし、これも立派なグレーゾーンの特性なのです。自閉症スペクトラムの独特の

「グレーゾーン」とは

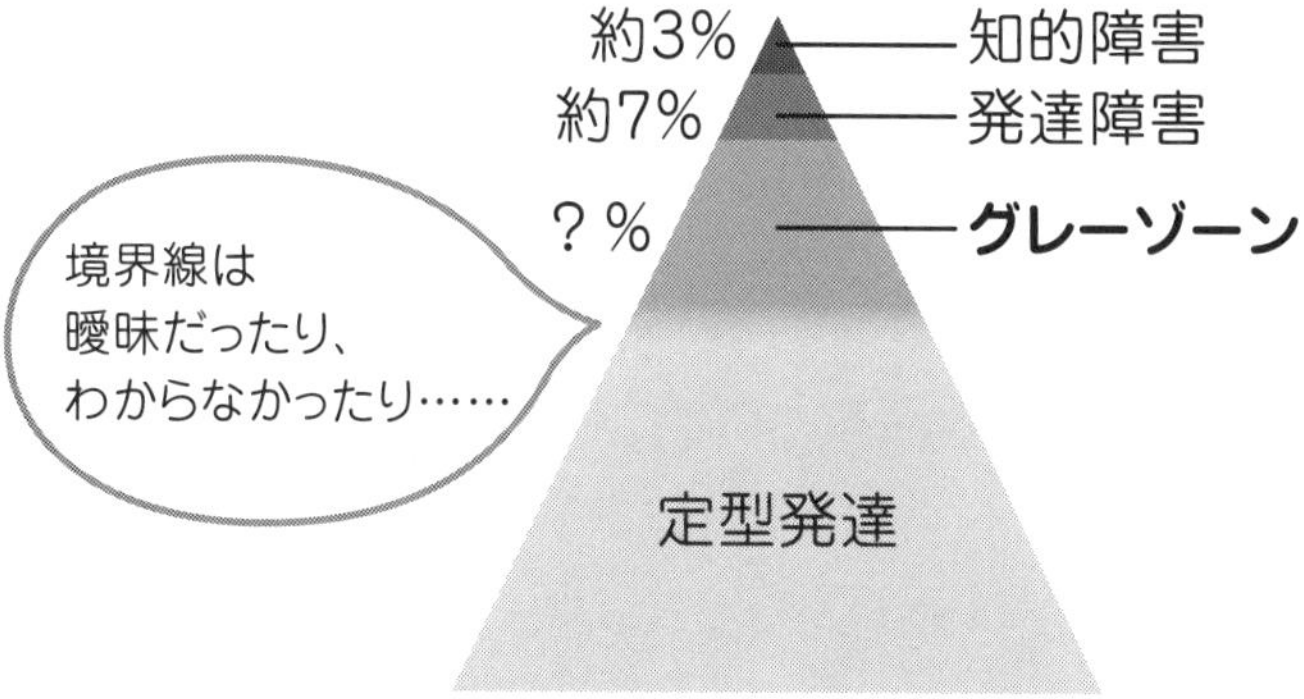

こだわり（この場合は人とメニューが一緒ではいけないという独自ルール）と、ADHDの衝動性が合わさって急に怒りだすという行動が現れると考えられます。

グレーゾーンでは、発達障害の代表的な特性が薄まって出てくるだけでなく、この男の子のように、特性が少しかたちを変えて出てくることがあります。

しかし、このようなワガママにしか見えない特性を〝特性なのか、ただのワガママなのか〟を、お母さんが判断するのは難しいでしょう。判断なんて、できないことがほとんどだと思います。

ここにも、グレーゾーンの難しさがあるのです。

ここ数年で変わった「発達障害の考え方」

近年、発達障害の診断基準が変わったこともあり、医療現場において、発達障害の考え方に変化がありました。

以前は、「IQが低ければ発達障害と診断する」「じっとしていられないなど、多動があったら発達障害と診断する」と、特性に紐づけて発達障害の診断や特性の重さの区別がされていました。

しかし、そもそも、発達障害自体にいろんな特性や症状があるため、なにをもって発達障害と診断をつけるか、そして、なにをもってその症状の重さを判断するかは、微妙なところがあったのです。

そのため、ここ数年は「どれくらい日常生活で困っているか」「どれくらい社会生活に適応できていないのか」という点に、重きを置いて診断するようになりました。

たとえば、以前なら「人と目を合わせられなくて、言葉も話さないなら自閉症ですよ」と診断されていたケースでも、今は、「人と目を合わせられなくて、言葉も遅れているけれど、なんとか保育園に適応できているのなら、積極的に診断名をつけなくてもいいでしょう」と、判断されるのです。

社会生活に適応できていない部分があって日常生活で困っているなら、その場合は診断をつけましょう、そういう流れになっています。

個性と特性（症状）の線引きはどこにある？

「なんでもかんでも、発達障害って言えばいいと思ってない？」

「それって、その子がワガママなだけじゃないの？」

診断がつかないグレーゾーンの子のお母さんは、周囲から心ない言葉を受けることがあります。お母さん自身も責任感が強く頑張り屋さんが多いので、

「ちょっと育てるのが大変だけど、それもこの子の個性なのかも……。発達支援はや

らなくてもいいかな、もう少し様子を見よう」

などと、思いがちです。

結局のところ、発達障害とグレーゾーンの境界線、はたまた、グレーゾーンと定型発達の境界線は曖昧なものです。

医療機関での診断でも、個人の主観によるところも大きい〝日常での困り具合〟を判断基準にするくらいですから。

また、子どもは困り事を起こす生きものです。まだまだ成長過程の段階ですから、当然かもしれませんね。

気に入らないことがあれば、泣き叫んで駄々をこねますし、1度教えたことでも、スムーズにできないなんてことは当たり前です。言葉の出方もそれぞれのスピードがあり、言葉が出るのが早い子もいれば、すごく遅い子もいます。

発達障害の境界線は曖昧であり、小さな頃は困り事が多いからこそ、日々起きる困り事が子どもならではの発達過程なのか、また個性なのか、発達障害の特性なのかの判断はとても難しいでしょう。

ただ、くりかえしになりますが、**お母さんが「育てにくい」と感じることがあったら、そして、将来が不安だと感じたら、「この子の個性だから」で問題を先送りするのではなく、困り事が増えないようにできることを考えていくのが一番重要です。**

乱暴な言い方ですが、私としては、その困り事を発達障害の特性として受けとめても、子どもの個性として受けとめてもいいと思います。

そして、困り事を解消するために使える手段があるのなら、できるだけ積極的に使っていいのではないでしょうか。特性であっても個性であっても、困り事を解消するための対応は同じだからです。

各地域にある療育センターで支援を受けることが子どもとお母さんにとってよいのであれば、「子どものワガママかもしれないし」と思うことをやめて、「発達障害の特性」として、できるだけの支援を受けましょう。**公的な支援は、一定の年齢までしか用意されていないことが多いので、受けられるうちに受けたほうがいいとも思います。**

自分の子どもが、定型発達か、発達障害か、グレーゾーンかの区別をするよりも、今、子どものどんなことに手を焼いているか、困っているか、不安に感じているか、その感覚を大事にし、それを解決していくことに力を注ぎましょう。お母さんが抱える困り事の裏には、子ども本人にとっても困り感や戸惑いが少なからずあるからです。

ただ、診断がつくかつかないかで、受けられる支援は変わってくるので、診断をないがしろにしていいというわけではないことは、認識しておいてくださいね。

「発達障害は治らない」けれど、子どもの脳はいくらでも変わる！

「発達障害は治らないのですか？」

というのも、相談者のお母さんからよく聞かれる質問です。

基本的には、発達障害を完治させるのは難しいと言えます。ウイルスによる風邪や病気とは違い、もともとの脳の特性による部分が大きいためです。

ただ、完治しないと言われて落ち込むのは、少し早いでしょう。

程度に差はあるものの、ヒトの赤ちゃんはみな、脳が未完成な状態で生まれてきます。脳は「目に入るもの」「聞こえてくるもの」「まわりにあるもの」などの自分の中に入ってくる情報を栄養にして、少しずつ成長します。

入ってくる情報によって、育つ能力も、育ち方も変わるのです。

発達障害の子の場合は、脳の中に発達しにくいところがありますが、脳の成長が環境によりどんどん促されていくことには変わりありません。だからこそ早いうちからよい情報をたくさん与える、つまり、親子のコミュニケーションをスムーズにしたほうがよいのです。

お母さんがお子さんへの接し方を変えたり、子どものために環境を変えれば、それが新しい刺激として、子どもの脳を育てます。

発達障害は完治しませんが、脳科学の視点から言えば、発達障害の子も接し方しだいで十分に伸びる可能性があります。

身長が低い、髪の毛がくせっ毛、やせ型……などの身体的な特徴は、遺伝によるものなので、努力ではどうにもできません。

一方、子どもの脳はお母さんの言葉や態度しだいで、いくらでも変わるのです。

そう考えたら、発達障害の子育ては、とてもやりがいのある、子どもの可能性をどんどん伸ばせる子育て、と言えるのかもしれませんね。

ほとんどの人が、発達障害の要素を持って生きている

私は発達支援を続けるかたわら、脳科学の研究も続けてきました。

特殊な機械を使って子どもから大人まで多くの脳を見てきたのですが、そこで思ったのが、**程度の差こそあれ、発達障害の素因は誰もが持っている**のではないか……ということです。

脳には、人それぞれの特徴があります。

生まれつき、1つのことが極端に苦手な脳も、ある部分の発達がゆっくりな脳も、ザラにあるのです。

発達障害を持った子が、脳に生まれつきの凸凹や発達しにくさを抱えている子なら

ば、私からすれば、すべての人が発達障害になります。もちろん、私も含めてです。

脳の中に発達がゆっくりな部分があったとしても、日常での困り事が少なく、社会生活を送ることができていれば、それは定型発達とされます。

それこそ、自分は普通だと思っているお父さんお母さんの中にも、実は発達障害のグレーゾーンだった！ という人もいるのです。そのような方は、これまでたまたま日常生活を問題なく過ごせてきただけです。

このように考えると、お子さんの困った特性への見方が、ちょっと変わるのではないでしょうか?

診断名に振り回されずに「子どもをどんどん発達させていく」ことを大切にしていけたらいいですね。

成長とともに悩みが増える⁉「二次障害」を防ごう

発達障害で気をつけたいのが、「**二次障害**」です。

私のところに相談にいらっしゃるお母さんの中にも、子どもの二次障害に悩んでいる方は、少なくありません。

ほとんどの発達障害が生まれつきのものであるのに対して、二次障害は、親や周囲の人間がつくる後天的な状態です。

できないことを延々と叱る、コミュニケーションに問題がある子どもを「空気が読めない子」として扱う……など、親やまわりの人が発達障害の子に不適切な対応をすることで、子どもに二次的に別の特性や問題が現れてしまうことを指します。

出てくる特性は、大まかに次の2パターンです。

パターン1：反抗的な態度が出る

この場合では、もともとそこまで反抗的でなかった子が、小学校高学年くらいからすごく挑発的な行動を取ったり、こちらが手をつけられないほどの反抗的な行動を起こしたりするようになります。このパターンは、もともと活発なADHDタイプの子や学習障害タイプの子に多いでしょう。

親に向けた暴言や反抗的な態度で済めばいいのですが、二次障害が悪化すると授業妨害をするようになることもあります。もちろん全員ではありませんが、最悪のケースとしては、非行に走ったり、少年犯罪まで起こしてしまいます。

パターン2：メンタル面に影響が出る

うつ、不安障害、パニック障害、強迫性障害、そしてある場面では一切言葉を話さない緘黙《かんもく》症などを起こし、メンタルヘルスにトラブルを抱えるケースもあります。

このような精神障害を起こすのは、他者とコミュニケーションを取るのが苦手な自閉症スペクトラムの子や学習障害タイプの子に多いと感じます。内向的なので、なにかあったときに内へ内へと気持ちが向かい、自己否定感を強めてしまうためだと考えられます。

二次障害は、ダメなことばかりを指摘され続け、叱られすぎているケースでよく起こります。早ければ小学校低学年でもあり得ます。

たとえば、椅子にじっと座ることができない子がいたとします。

お母さんが、子どもの「長い間じっと椅子に座ることが難しい」という特性を理解していなければ、子どもが椅子から立ち上がるたびに、「こら！　ちゃんと座ってて！」「なんで座っていられないの⁉」「立っちゃダメって、言ってるでしょ！」と、声をかけ、子どもを椅子に座らせようとするでしょう。

この場合、子どもはお母さんに言われていることはわかっているけれど、自分ではどうにもできなくてずっと苦しんでいます。座らなきゃと思うけれど、長い間それが続かない。やりたくてもできないのですね。

そのため、「椅子に座りなさい！」と怒られるたびに、「ママは怒ってばっかりだ！」「どうしたらいいか、わからないよ！」という気持ちがつのり、あるときから逆ギレが習慣化し、そこからどんどん反抗的になっていってしまうのです。

「何度叱ってもなおらない」のは、子どもからのSOS⁉

子どもを怒っても、一生懸命しつけても、状態がよくならないのがわかってきたら、子どもに対するアクションを変えてみましょう。

怒ってもなおらない、何度叱っても聞けないのであれば、子どもにはどうにもできないことなのかもしれません。

そんなときこそ、本書でお伝えするコミュニケーションの出番です。

もし、子どもを怒り続けるなど間違った対応を続けて、子どもに二次障害が出ると、もとからあった特性への対応をおこなう前に、まず二次障害のほうから対応しなければならなくなります。

こうなると子どもの状態を改善していくのに時間がかかり、お母さんや家族への精神的、肉体的な疲労感も増えます。

ですから、

- **発達障害は、放っておくと二次障害が起きる場合もある**
- **お母さんや、周囲の家族の態度や言葉かけを見直す機会を持つ**

このことをぜひ、頭の片隅に入れていただき、子どもと向き合ってほしいと思っています。

子どもの成長を加速させる「病院」とのつき合い方

うちの子、発達障害かも……と、お母さんが思ったときに、まず思い浮かぶのは「発達障害専門外来のある病院」でしょう。

ただ、私のところに相談にいらっしゃるお母さんたちとお話ししていて実感するのが、みなさん病院に行ってはいるものの、病院からきちんとした解決策をもらえていないということです。

せっかく病院に行ったのに、発達支援に役立つ情報をもらえずに帰ってきたり、病院で医師と現状確認だけして帰ってきているという方も少なくありません。

それではせっかくの貴重な時間が、もったいない！

もちろん、病院の規模や、そこにいる医師の経験も千差万別なので、どうしようもないケースもあるとは思いますが、せっかく行くのならば、病院をフル活用したいものです。

そこでこの項目では、子どもの発達支援のために、病院で診察を受ける場合は、最低限なにを聞けばいいか、どんなことをお願いすればいいかまとめました。ぜひ参考にしてください。

①必ず発達障害専門の検査をお願いする

まずは、ここから。発達障害を専門とする病院なら、基本的には必ず検査をしてくれるはずですが、たまに検査をしてくれない病院もあります。

ちょっと診察しただけで（検査なしに）、「自閉症スペクトラムですね」と診断する医師もよくいるのです。経験豊富な方なのかもしれませんが、検査が受けられなければ、その子の特性を正確に知ることができません。もし専門の検査をしてくれないのなら、別の医療機関をあたるようにしましょう。

② 検査結果の詳しい説明を求める

発達障害の検査をしてもらっても、検査結果が詳しく説明されないケースは非常に多くあります。診断だけつけて、詳細は正確に言わないという医師が多いのです。

診断がつかないグレーゾーンの場合は、さらにこの傾向が強くなります。

医師としては、こちらの気持ちを考え、ショックを与えないようにしているのかもしれませんが、「だいたい平均くらいでしたね」「いいところも苦手なところもありますね」という曖昧なことだけ言う人も少なくありません。お母さんとしては「じゃあ、どうすればいいの？」となってしまいますよね。

そこで、検査後は必ず、お母さんが納得のいく説明を受けてください。ショックを受けてもはっきり言ってもらったほうが、その後の育児への心構えも変わってきます。検査を通して、お母さんがお子さんの状態に納得することがとても大事です。

発達障害にはれっきとした診断基準がありますし、詳しい先生なら、診断基準に照らし合わせた説明ができるはずです。「学校にこういう対応を相談したほうがいいですよ」と、具体的なアドバイスをしてくれることもあります。

③ 子どもの長所を確認する

発達障害の子の子育てにおいては、「できる（秀でている）こと」を使って、いかにできないことをカバーするかが大事です。子どもの成長を支援するときも、長所を知っていることは大きな強みになります。

ですから、検査を受けたら、必ずその子の「長所」を確認してください。検査結果から「集中力がある」「手先が器用」など、使える能力（今後、さらに伸ばしていける力）を知っておくことは、お母さんがその子を支援するときの大事な情報です。

④ 親としてできることはなにかを確認する

子どもを支援するために、お母さんが指導なり、なにかしらのプログラムを受けたいなら、それも先生にきちんと伝えましょう。

ただ、病院によっては検査をして診断をつけるまでが仕事で、検査後の指導なりプログラムは用意していないところもあります。

そのような場合は、支援やプログラムを受けられるほかの病院や施設を紹介してもらえないか、相談してみてくださいね。

また、「親として家でできることは、なにがあるか?」「学校にお願いすることはなにがあるか?」という質問も、ぜひ先生に投げかけてみてください。

⑤ 困っていることをリストアップしておく

検査内容の詳細を聞く、納得のいく説明をしてもらうといっても、どうやって医師から話を聞き出せばいいか、困ってしまうことも多いでしょう。

そんなときは、子どもの困った特性を通して、検査結果の説明を求めましょう。「なんで、暴言ばかり吐くんでしょうか?」「忘れ物がなくならないのはどうしてでしょうか?」と困り事を具体的にすると、専門の先生なら検査結果を読み解きながら、詳しく説明してくれるはずです。

この方法なら、納得できる説明がもらいやすくなります。その場で「困っていること」がパッと出てこないようなら、あらかじめ困っていることをリストアップしておくといいでしょう。もしそういった質問に対応してくれない病院なら、行くのをやめてほかの機関にあたりましょう。

すべてを病院任せにすると、せっかく検査をしても無駄足になってしまいます。自分の子どものためにも、その医療機関が適切な検査、診断、説明をしてくれるかどうかを、お母さん自身が見極められたらいいですね。

そして、病院で診断を受けたら、お母さんも、〝子どもの一番の支援者になるスイッチ〟を、ぜひ入れてください。

検査結果が出ても、それですぐに日々の悩み事がなくなるわけではありません。検査結果をもとにお母さんが子どもへの対応の仕方を変えないと、なにも変わらないのが現実です。

病院で診断を受けるということは、自分にも覚悟のスイッチを入れるということ。お母さんの頑張り方をシフトチェンジするきっかけにしてくださいね。

最も大事な処方箋は医療行為より「教育（コミュニケーション）」

私も以前、医療機関で発達支援をしていましたが、軽度の発達障害やグレーゾーンのお子さんに、病院でしてあげられることには限界があります。

病院にかかっても、なかなか子どもの成長が感じられないときは、〝病院以外の選択肢〟を考えるのも1つの手です。

診断や投薬は医師にしか許されていない医療行為に含まれますが、心理検査やセラピー、トレーニングなどは医療行為ではありません。つまり病院の外でもできるのです。しかも、その対応は、定型発達のお子さんにも有効な「成長を促すもの」なので、極端なことを言えば、発達障害の診断がつくかどうかに限らず、やって悪いことは1つもありません。

発達障害は、「(一部の能力の)成長が遅れている状態」ということなので、状態を改善するには「成長させること」が第一の処方箋です。

現代には、脳を成長させる薬はありません。発達が気になる子を成長させる最善の方法は、やはり「教育」です。

教育は、人と人とがコミュニケーションをしながら成立します。どんなに高価で優れた教材を手に入れても、教える人と教えられる人のコミュニケーションが円滑でなければ、教材の価値も半減してしまいます。

つまり、「コミュニケーション」がスムーズかどうか? が、発達障害とグレーゾーンに対応するためには最も大切です。

とりわけ親子のコミュニケーションは、質的にも量的にも子どもの脳に与える影響が大きいので、お母さんがコミュニケーションを整えることが、お子さんにとって第一の処方箋になるのです。

私はこのような想いで、「発達障害&グレーゾーンを改善する親子のコミュニケーション」を伝え広めるために独立し、多くのお母さんの相談に乗ったり、講座をおこなったりしています。今では、私の想いに賛同してくれた専門家や、発達障害のお子さんを見事に育てているお母さんたちが、日本全国各地や海外で「発達科学コミュニケーショントレーナー」として活動しています。

お母さんとの相談では、驚くような病院の実情をお聞きすることもあります。病院に行っても解決策が見つからないうえに「お母さん、なにが心配なの？」とか、「お母さんが心配しすぎるから子どもが苦しんでいるんですよ」など、心ない言葉を言われたら、民間の機関を利用することも視野に入れてくださいね。

では、次からは実際のコミュニケーションの方法をお話ししていきます。

3限目

実践！
子どもが変わる
「発達科学コミュニケーション」

覚えるのはたった1つの「コミュニケーションの型」だけ！

大変お待たせしました！　ここから具体的に「お母さんを発達支援のプロに変えるコミュニケーション法」をお伝えしていきます。

コミュニケーション法といっても、シーン別に細々と話し方を覚える必要はありません。

覚えるべきは90～91ページにまとめてある、1つのコミュニケーションの型だけ。

このコミュニケーションの型は、どんなときにも使えます。子どもに話しかけるとき、とくに「なにかを指示したい」「次の行動を促したい」「なにかをやめさせたい」ときには、いつもこの型をイメージして、話してみてください。

なぜ、話し方を変えるだけでうまくいくのか

覚えるべきコミュニケーションが1つだけということに、拍子抜けした方もいるかもしれません。でも安心してください。

これからご紹介する「発達科学コミュニケーション」を覚えれば、お母さんの話し方はグッと変わり、それにともなって子どもたちはぐんと成長します。

発達障害、そしてグレーゾーンの子どもたちには、次のページにまとめてあるコミュニケーションがとても効果的なのです。

発達科学コミュニケーションは、家庭でも、病院や専門機関と同じような発達支援をすることができたら……と考え、試行錯誤した末にできました。

子どもの発達を促す！
発達科学コミュニケーション

ステップ 1
会話を楽しくスタート

子どもの「今」の状態を肯定的に捉えた声かけで、
コミュニケーションを開始します。

〈声かけ例〉「あ、今テレビ見てるんだね」

「お、もう片づけ始めたんだ」

「宿題やってるね」

「ねぇ（名前）♪」

↓

ステップ 2
行動したくなる提案

子どもが行動しやすい指示を出します。


〈声かけ例〉「1人で片づける？ お母さんと片づける？」

「あと3回やったら終わりだよ」

「10数える間に、取ってこようね」

ステップ3

子どもの感情に巻き込まれない

子どもの思考や行動を一定の距離感を保って待ったり、取り合うべきではない子どもの行動を静観します。手助けが必要なら距離を詰めてサポートを。子どもとの距離感をコントロールしながら、子どもが行動に取りかかったり、進めたりするのを待ちましょう。

↓

ステップ4

子どもを肯定する

最後に再び子どもを肯定しましょう。その行動に対して成功体験の記憶が残ることで、次にその行動をするときにいいイメージで行動に向かうことができるようになります。

〈声かけ例〉「ちゃんとズボンはけたね！」
「もうすぐ宿題終わり！ すごいじゃん」
「もう３問目までいったんだ！」

専門機関でおこなっている発達支援といえば、子どもと活動しながらコミュニケーションや行動を支援したり、本やプリントを使って学習を支援したりするものです。発達支援を始めて数年の頃は、専門機関でおこなう発達支援を家庭でも同じようにやっていただくよう、お母さんたちにお願いをしていました。

しかし、この方法は思うように結果に結びつきませんでした。

お母さんたちに話を聞くと、これらの支援を家庭でやろうとしても、十分な時間をつくれないと言うのです。それは、このようなプリント学習やワークをほとんどの子どもが嫌がるから。子どもが嫌がっているうちに時間が経ってしまい、ワークやプリント、ドリルなどをやる時間が、ほとんどなくなってしまうのだと言います。

一番ショックだったのは、あるお母さんの「先生と一緒にいるときはいい子なんですけどね……」という言葉。私はこの親子の日常になにも与えられてはいなかったんだ、と思い知りました。

そこで考えました。

子どもに「発達支援」だとバレずに、お母さんが子どもたちの発達をサポートできる方法はないだろうか。世のお母さんたちが得意なもので、親子の間で不可欠なものであり、子どもの脳に作用するもので、簡単に発達支援ができないか……と。

そうしてたどり着いたのが、「コミュニケーション」でした。

子どもに話しかけないお母さんはいないはずです。ならば、お母さんの毎日の声かけが、子どもの脳に簡単に作用して、子どもの発達を促すものだったら、どんなにいいんだろう！

こんな考えから、これからご紹介する「お母さんがひと言しゃべるだけで、子どもの成長が加速する発達科学コミュニケーション」が生まれたのです。

叱っても、しつけても効果が出ないのには理由があった

発達科学コミュニケーションの中には、「怒る」「叱る」というステップをあえて入れていません。ときには、子どもを叱らなければならないこともありますが、叱ることが常態化しても、子どもは変わらないことが、これまでの経験からわかっています。

日本の教育は、もともと「叱って育てる」ことに重きを置いています。

叱ることはよいこと、叱られることはありがたいこと、叱ることが親の役目……と

いう考え方が浸透しているのです。

その結果、発達障害やグレーゾーンの子どもたちは、朝から晩まで、物心ついてから今まで、それはもう数え切れないくらいに叱られたり注意されたりしています。

もちろん、叱るほうとすれば、子どもが行動を改めてくれることを期待して叱っているのですが、なかなかそうはいきません。

この本を読んでいる方の中にも、「同じことで毎日毎日子どもを叱り続けている」と疲れているお母さんが多いのではないでしょうか。

なぜ、叱っても効果がないのでしょう。

たとえば、家族みんなでレストランに食事に来たとします。昼時で店は混雑していて、順番がなかなかきません。待ちきれない子どもが、周囲の目もおかまいなしに、大声で「なんですぐに食べられないの?」「おなかすいた!」「もう待ってられない」「お母さんのバカ!」とかんしゃくを起こし始めました。

最初はお母さんも「もう少しだからね」と優しくなだめていたのですが、そのうちイライラしてきて「静かにしなさい!」と子どもを叱ります。

発達障害でなければ、お母さんのこの対応は、問題ないかもしれません。怒られることで、子どもが黙って順番を待つこともあります。叱られることは不快なことなので、子どもが「もう叱られたくない」と、行動を改めるからです。これはお母さんたちが自然とやっているしつけです。

しかし、発達障害の子には、この「しつけ」が効かないことが多いのです。なぜなら、彼らは「騒ぐと怒られる」とわかっていても、その行動を減らすことができないからです。これは、発達障害の子の脳の特性によるもの。

〝怒られているけれど、やめられない〟〝わかっているけれどまた、やっちゃった〟ということが続くのが、発達障害の子どもたちなのです。

「脳の習性を生かした会話」で、よい行動が増える！

叱る（否定する）という子育てのテクニックが効かないとなれば、使えるテクニックはあと1つ。そう、ほめる（肯定する）ことです。

考えてみてください。あなたの職場に、いい仕事をすれば認めてくれる肯定的な上司と、なにをしても文句を言ってくる否定的な上司がいるとします。

あなたなら、どちらの言うことを聞きたいですか？

私は、この質問を相談に来るお母さんに必ず聞くのですが、100％のお母さんが「そりゃあ、肯定的な上司ですね」と答えます。「やる気が出るから、頼まれてないことまで頑張っちゃう！」とおっしゃる方もいます。

子どもだって同じです。

脳は、楽しいことやうれしいこと、ワクワクすることに対して、よく働きます。勉強が大っ嫌いな子どもでも、好きな遊びならいつまでも脳を使い続けられます。

ある行動をしたときにほめられると、その行動とポジティブな感情がセットで記憶されます。すると、次にその行動をするように指示したときに、ポジティブな感情や「またできそうだ」というイメージを持てるので、その行動をしやすくなるのです。

逆に、ある行動をしたときに叱られた記憶が残ると、次にその行動を指示したときにネガティブな感情がよみがえるので、「え〜、やだ〜！」と子どもに拒否される可能性が高まってしまいます。

発達障害の子どもたちは、私の経験上、いい記憶よりも、悪い記憶をたくさん蓄えています。みな、お母さんや学校の先生に叱られたり、注意されることが多いのですね。それだけ、お母さんや先生がしつけを頑張っているという証拠でもあります。

でも叱ることは、子どもの脳の発達を促すうえでは、うまく作用しないことが多いのです。発達障害の子は、怒られてもなかなか不適切な行動を減らせないからです。

逆に、まわりの人に肯定されることで、よい行動を増やすことができます。

子どもを肯定することでよい脳の活動を増やし、その結果、よくない行動を少なくしていくというのが、発達科学コミュニケーションの根底にある考えです。

〝自信〟が生まれるコミュニケーションだから、できることが増える

肯定することが、発達障害の子にとって大切なのには、まだ理由があります。それは、**発達障害の子が失いやすい「自信」を持たせてあげられること。**

発達障害の子は生活の中に、できないことや失敗がたくさんあります。これは脳の特性によるものなので仕方がないのですが、できない本人が一番苦しんでいるのです。

「まわりのお友だちとうまく話せず、仲間はずれにされてしまった」

「そわそわ動くのがやめられなくて、先生から怒られた」

「自分だけ、靴紐がいつまでたってもうまく結べない」

など、ちょっとしたことで毎日傷つき、自信をなくしています。

自分に自信がなければ、自分から行動することもなくなります。失敗すればするほど自分が嫌になるからです。結果としてできることが増えず、さらに自信がなくなります。


失敗ばかりで自信がない子どもたちが、自信をつけるための最後の砦《とりで》とも言えるのが、お母さんからの「肯定の言葉」です。

お母さんという最も信頼できる存在にほめられ、肯定されることで、子どもたちは、日々の出来事で小さな成功体験を積み、自信をつけて、いろんなことに挑戦できるようになります。

すごいねー。
ここまでできたんだ!!
がんばったねーっ

反対にお母さんが、いつも子どもの失敗を叱っていたり、怒っていたらどうでしょう。子どもたちは、お母さんとの関わりの中でも自信を奪われ、行動することに消極的になり、自立から遠のいてしまいます。

「叱られ、否定されても、行動を変えられない脳の特性」があり、「自信がなくなり気味」な発達障害の子どもたちを伸ばす方法は、肯定の言葉かけ、肯定のコミュニケーション以外にないのです。

ちなみに、発達科学コミュニケーションでお伝えする「肯定の言葉かけ」は、発達障害の子どもに限らず、すべての人に効果的です。対夫、対上司、対部下など、身近なところで実践していくと、あれこれ厳しいことを言わずとも、まわりをいい方向に動かしていくことができるようになるので、試してみてくださいね。

3カ月で子どもが変わる「発達科学コミュニケーション」を始めよう

ここからは、発達科学コミュニケーションをどのように親子の会話に取り入れていけばいいかを、より細かくお話ししていきます。

「発達科学コミュニケーション」には、4つの会話のステップがあるのですが、1度に4つのステップすべてを習得するのは大変です。

2週間に1つのステップを習得できたら、理想的です。

本書でも、2週間に1ステップの習得を目指して話を進めていきます。

それぞれのステップの特徴と、代表的な言葉かけのポイントがつかめたら、あとは実際の会話に織り交ぜて、実践あるのみです。

1〜2週目

ステップ1

「会話を楽しくスタート」

会話をスムーズにスタートするのに大切なのが、**〝子どもの現状を肯定的に捉えた声かけをする〟**ことです。

今日から2週間は、子どもとの会話をするときはすべて、この〝肯定的な声かけ〟からコミュニケーションを始めるようにしましょう。

「お片づけして」「早く着替えて」と言いたいときにも、指示から始めるのではなく、まずは肯定的な声かけから始めるのです。

脳は最初に入ってきた情報を使って、その後起こることを予測するので、子どもに素直に話を聞いてほしいのなら、会話のスタートを肯定的にすることがなにより大事です。

「ねえ、ちょっと！　タカシ!!」と言って会話がスタートするのと、「タカシ♪」と言って会話がスタートするのとでは、どちらの会話がよりスムーズに展開するのか、もう決まっているようなものですよね。

どんな子でも絶対に肯定できる8つのテクニック

ただ、肯定的に声をかけようと思っても、肯定できるポイントが少ないのが発達障害の子どもたちです。

発達障害の子を育てるお母さんがよくおっしゃることに「ほめる子育てがいいと言われても、ほめるところが見つからないんです」というものがあります。

子どもに失敗やできないことが多ければ、ほめるところを見つけられないというお母さんたちの気持ちも、よくわかります。ほめることも、肯定することも最初はなかなか難しいこともあるでしょう。

でも、安心してください。**どんな子どもも肯定できるようになる言葉かけのテクニックがあるのです。**次の8つのテクニックを駆使すれば、どんな子どもにも、肯定的な言葉かけができ、そこからコミュニケーションを始められるはずです。

肯定的な言葉かけができる8つのテクニック

❶ 興味を示す

その子がやっていることに興味を持つだけでも、立派な肯定になります。お母さんが子どもの言動に興味を示し、さらにはその世界観を共有することで、子どもは自分の存在を肯定され、居場所を感じられるようになります。

〈言葉例〉「なにを書いたの？」「なにをつくったの？」「へぇ〜、知らなかったよ！」

❷ 励ます

子どもが取り組んでいることを、励ますのも肯定の言葉かけになります。ポイントは、その行動の真っ最中に言うこと。そうすることで、子どもに「ちゃんと見ているよ」「その調子だよ！」という気持ちが伝わります。

〈言葉例〉「あと少しだよ」「もうここまでできたの！？」「ここまで頑張ってみようか！」

❸ 同意する

子どもの考えに賛同したり、子どもの話を「なるほどね」と聞くことで、肯定の言葉かけになります。自分の意見に賛成してもらえると、心強い気持ちになれるので、それだけ行動が促されやすくなります。

〈言葉例〉「いい考えだね」「なるほどね〜」「お母さんもそう思うよ！」

❹ 実況中継する

子どもがやっていることを「実況中継的」に言葉にします。明るく優しい声のトーンで言うだけで、子どもにとっては、今やっていることを認めてもらった感覚が得られます。

〈言葉例〉「あ、今日はもうお風呂に入るんだ！」「連絡帳、出してくれたね」

❺ 感謝する

発達障害の子にとっては、「感謝の言葉」というのがとても大きな肯定になります。誰かを困らせたり戸惑わせてしまうことが多いので、感謝される経験が少ないからです。ちょっとしたことでも「ありがとう」と言うことで、自信がつきます。

〈言葉例〉「手伝ってくれたんだね、ありがとう」「ありがとう、助かったよ」

❻ 喜ぶ・驚く

ポジティブに喜んだり、驚いたり。自分の行動で、お母さんが「喜んでくれている」と感じられると、自分の行動に意味があったんだという認識をしっかり抱くことができます。行動力を引き出す力があります。

〈言葉例〉「洗濯物たたんでくれて、うれしいな」
「えっ、もう宿題したの？ 早いね！」

❼ スキンシップ

重度の自閉症の子などは嫌がることもありますが、しゃべらなくてもいいので、とても簡単な肯定法になります。お母さんがイライラしていたり疲れているときは、言葉でなにか伝えるよりも、子どもにふれるほうが簡単だし、気持ちも愛情も伝わりやすいです。

〈例〉・ギューッと抱きしめる ・肩や背中にふれる ・ハイタッチ！

❽ ジェスチャー

言葉を探してもどうしても出てこないときや、お母さんが疲れているときに使えるのがジェスチャー。声かけではないのですが、無言でにっこり微笑むだけで、子どもは自分の行動が肯定されていると感じます。

〈例〉・にっこりしてうなずく ・手を振る ・グッと親指を立てる ・拍手する

いかがでしょうか。このテクニックをもってすれば、子どもに話しかけるときはまず、肯定的に声かけをするという第1のステップも、実践できそうではないですか。

ここではあえて紹介しませんでしたが、もちろん、「頑張ったね！」「すごいね！」という直接的なほめ言葉で子どもを肯定してから、コミュニケーションを始めても問題ありません。

2週間、とにかく子どもを肯定する話し方から始めると、それだけで子どもの様子がガラリと変わります。なぜなら、「お母さんは自分のよいところを認めてくれる」「僕だって色々とうまくやれるんだ！」という自信が芽生え始めるからです。

また、子どもの発達支援をおこなうには、親子がよい関係を築いていることが大切。いくら必要なときに子どもをほめていても、基本的にお母さんと子どもの間に信頼関係、愛情関係がなければ、その言葉は子どもの心に届きませんし、精神的に不安定な子どもは、かんしゃくや多動などの問題行動を起こしやすくなります。

お母さんはいつも自分のよいところを見てくれている、味方でいてくれるという思いを根づかせるためにも、「肯定から始まるコミュニケーション」は大切なのです。

肯定的な声かけをしたら、いよいよ子どもとの会話が始まりますね。

次の行動を指示したり、伝えたいことを伝えたり……。**子どもとの会話で大切なのは、必ず「注意を引いたうえで、視線を合わせて」から話をすることです。**

とくに、指示を出すときには、必ず注意を引いて視線を合わせて話すことが大切。

発達障害の子は「自分に話しかけられている」という意識が弱いので、注意を引かずに話したとしても、それが自分に向けられた言葉だとわからないことが往々にしてあるのです。

また、発達障害の子には「視覚優位（耳で聞くより目で見たほうが情報を得やすい）」という特性もあるため、子どもの視界に入ったうえで話をするほうが、話の内容が子どもの脳に入りやすいと言えます。

視線を合わせるときは、単純にアイコンタクトを取るだけでなく、背中や肩に手を置くとより効果的です。「注意を引き」「視線を合わせる」ことは、次のステップの指示出しをするうえでも、大切になるので、会話の基本として覚えておいてくださいね。

3〜4週目

ステップ2 「行動したくなる提案」

肯定的な声かけは、身についてきましたか？

つい「ほら、片づけるよ！」と、コミュニケーションを始めてしまっている方も多いでしょう。

どのステップでもそうですが、徐々に会話の型が習得できればいいので、もし、できないときがあっても、自分を責めずにゆっくり続けていきましょう。

3〜4週目で習得したいコミュニケーションは、「行動したくなる提案」です。

親子の会話、とくに、お母さんが子どもに伝える言葉は「指示」がどうしても多くなりますね。起きる、朝の準備をする、ごはんを食べる……など、子どもと一緒に一日行動をしているのですから、これは当然でしょう。

指示にも、子どもが行動しやすい指示、行動しにくい指示があります。指示を出す回数が多いからこそ、子どもが行動しやすい提案をすることが大切です。

提示や提案をうまく伝える6つのテクニック

子どもが行動したくなる提案をするために大切なことは、次の6つ。状況に合っているもの、できそうかなと思うものを選んで試してみてください。

6つのテクニックのほかに、会話の大前提でもある「注意を引き、目を合わせて」話すことも、指示出しでは大切です。できるだけ心がけましょう。

☆テクニック1：簡潔に話す

簡潔にとは、「指示を具体的に、短く分解して伝えること」を指します。

これはどんな子どもにも共通なのですが、子どもの脳は大人に比べて情報処理の速度がゆっくりです。また、1度にたくさんの情報を処理するのが難しいという特徴もあります。ですから、くどくどと言い続けたり、まわりくどい言い方をしても、子どもに指示は入りません。

だからこそ、指示は簡潔に。つまり、できるだけ細かくした状態で具体的に伝えるのが大切なのです。

たとえば、子どもに着替えをさせたいなら「着替えなさい！」と、曖昧に指示をするのではなく、親のほうで「着替える」の意味を分解して伝えます。

「まずは、靴下をはこうね」「次は、ズボンをはこう」「Tシャツ着られるかな」といった具合です。

子どもはひと言で「着替えなさい」と言われても、なにをしたらいいかわかりません。「片づけなさい」「勉強しなさい」も同じです。親のほうが提案の出し方を具体的にして歩み寄りましょう。

☆テクニック2：3つの〝S〟を心がける

いくら、子どもの注意を引いて視線を合わせて、簡潔に指示出しをしても、言い方が刺々《とげとげ》しかったり、怒り口調では、子どもの脳にはうまく届きません。

子どもの脳は大人よりも未熟なので「言葉の意味」よりも、それを伝えている「トーンや声色」のほうに引っ張られがちだからです。

大事な提案を出されても、キツイ言い方では、「ネガティブな感情」ばかり働いて、

その提案の内容を正確に受けとめられなくなってしまうのです。

だからこそ指示出しはできるだけ穏やかに、子どもの「イヤだ！」という気持ちを暴走させないようにおこないましょう。

そのときに意識してほしいのが、「3つのS（3S）」。

3Sとは、提案の伝え方で大切なこと、**「Smile（笑顔で）」「Slow（矢継ぎ早でなくゆっくりと）」「Sweet（優しい声で）」**の略です。

お母さんが指示を出すときは大体が、「子どもがまだ着替えていない」「ごはんも食べずに遊んでいる」など、イライラした状態です。

いくら「穏やかにしよう」と思っていたとしても、それが実現できないこともあります。そんなときは、感情と話し方をいったん切り離して、とにかく「3S」で話すようにしてみてください。

表面上だけでも「3S」を心がけるだけで、どんな提案も優しく、穏やかに相手に伝えることができるようになります。

☆テクニック3：予告をする

行動を提案するときに「予告」のテクニックを使うと、行動を切り替えるのが苦手な子どもや、時間感覚が希薄な子も、スムーズに行動できるようになります。

さっそく具体例を見てみましょう。

〈例①〉

「長い針が〝6〟のところにきたら、片づけしようね」（提案の前に予告をする）

「……〝6〟のところに長い針がきたね、お片づけです」（予告通り指示を出す）

〈例②〉

「砂時計の砂が全部落ちたら、お片づけするよ」（提案の前に予告をする）

「もう少しで砂が全部落ちそうだね」（間もなく時間が来ることを知らせる）

「砂が全部落ちたから、お片づけしようか」（予告通り指示を出す）

優しく提案を出しても、突然、夢中になっている遊びを奪われると、パニックになる子がいます。

そういう子によく効く指示出しテクニックです。


行動を提案する前に「予告」をしておくと、

「あと10分あるんだ」

というふうに、許された時間の目安がわかるので、提案を受け入れる気持ちのゆとりが出てきます。

予告は、気持ちのゆとりづくり、と言ってもいいかもしれません。


注意が必要なのは、お母さんにとっては10分前の予告でちょうどよくても、子どもが気分や行動を切り替えるには短い場合もある、ということ。

子どもに必要な時間を意識して予告するようにしましょう。

とくに、引きこもりがちなお子さんには、外出の予告は、前日などではなく、たとえば1～2週間前からするなどの配慮をしてみましょう。

☆テクニック4：選択させる

お母さんにとってもＯＫな選択肢を２つ用意し、どちらかを子どもに選ばせるかたちで指示を出します。

子どもが自分で選ぶことで、強制されてなにかをするのではなく、自分を尊重してもらえたと感じられます。子どもの気持ちにゆとりができますから、お母さんの指示も受けとめやすくなりますよ。

〈例〉

子どもに着替えを促したいとき。単純に「着替えて」と指示をするのではなく、「赤いズボンと青いズボン、どっちがいい？」

と、質問形式で話しかけることで着替えの提案を出します。

選択肢は、お母さんとしてＯＫなものにしてくださいね。

お母さん「赤いズボンと青いズボン、どっちがいい？」

〈どちらか1つを選べたとき〉

子ども「赤がいい！」

お母さん「赤か、いいね！」↓子どもが選んだほうを支持する。

〈どちらも選ばないとき〉

子ども「どっちもイヤだ……」

お母さん「……じゃあ、黄色いズボンは？」↓3Sを意識してほかの案を提案。

子ども「……黄色もイヤだ」

お母さん「……じゃあ、白いズボンは？」↓3Sに注意して指示をくりかえす。

子ども「……白もイヤだ」

お母さん「……じゃあ、お母さんがピッタリのを選んじゃうね」

↓選択させ続けてどうしてもダメなときは、お母さんが選んでしまいましょう。

ただ、怒り口調にならないこと。もし、「お母さんが決めるのイヤだ、自分で決める！」と言いだしたら、もう1度、「じゃあ、赤にする？ 青にする？」をくりかえしましょう。間違っても「着るの!? 着たくないの!?」などと、子どもを責めるのはやめましょう。

〈子どもが違う案を出してきたとき〉
子ども「……どっちもイヤ。だけど、ピンクのズボンならいい」
お母さん「わかった、ピンクね、いいね！」
↓受け入れ可能な案なら採用する。このとき、子どもを肯定することも忘れずに。

この言葉かけは、ほかにもさまざまなシーンで使えるので、ぜひ覚えておいてください。やるかやらないかの選択肢でなく、どちらを選んでも行動させることが大切です。

〈選択させる指示出し例〉
「片づけなさい！」↓「1人で片づける？　お母さんと片づける？」
「お風呂に入りなさい！」↓「今お風呂に入る？　テレビのあとに入る？」
「宿題しなさい！」↓「国語のプリントやる？　それとも算数のプリントからにする？」

☆テクニック5：提案を同じトーンでくりかえす

子どもが1度で提案を聞いてくれないときに、うまく提案を伝えるテクニックです。

①提案を出す（でも、子どもは従わない）
↓
②見て見ぬふりをして、時間をあける
↓
③数分したら、同じ提案をもう1度出す
※ここでも従わないときは、②と③をくりかえす。
↓
④行動し始めたらすぐにほめる

こうすることで、子どもに対して激怒したり、大声を張り上げなくても、子どもに提案が届き、子どもが自発的に行動できるようになります。発達障害の子の中には注意散漫なために1度で指示が通らない子も多くいますが、そんな子たちにも使えるテクニックです。

☆テクニック6：「～したら、○○できるよ！」という交渉をする

ここで紹介するのは「AをしたらBができる！」という交渉術です。

たとえば、「今お風呂に入ったら、あとでアイスを食べていいよ」というふうに、子どもの喜びそうなことや楽しいことを取り入れて、次の行動へ駆り立てます。

このときに注意したいのが、たとえこちらの提案に子どもがのってこなくても、それを責めないこと。なぜなら、「今お風呂に入ったら、あとでアイスを食べていいよ」の「アイス」という特典は、あくまで親が持ちかけただけだからです。たとえ、「別にアイスほしくない」と子どもが言ったとしても、その選択に対してお母さんが怒らないようにしてください。

大事なのは、こういう言葉かけを続けて、子どもの意欲を引き出すことです。「今、片づけしないなら、絵本読まないよ」とか、「全部食べないなら、今度からおやつはナシね」など、脅して従わせるようなことはしないようにしましょう。

行動の提案は、やってみることでより身につきます。行動の提案を身につけるための練習問題を2つ用意したのでやってみましょう。

子どもに伝わる提案のワーク

Q1

「早くごはん食べなさい」を、「子どもが行動をしたくなる提案」で伝えてみてください。

回答例

1「お、もう座ってるんだね！」（肯定的に子どもの注意を引く）

2「『いただきます』」（子どもの真正面に座って目を見て）

3「お箸を持ってごらん」

4「ごはんから？　ハンバーグから？」

5「このおかず好きなの？　よく食べてるね♡」

6「おいしいね」

7「ごちそうさま。今日もたくさん食べてて、ママうれしかったよ」

解説

ただ、「食べなさい！」とまくしたてても伝わりません。できるだけ子どもと向き合い、進み具合をよく観察して、食べる順をイメージして言葉かけしましょう。途中で、できていることを認めたり（5）、食べる時間を共有する言葉も伝えます（6）。

Q2

この絵の子どもに片づけを促すような言葉かけをしてみてください。なんと言いますか？

回答例

×な回答例

「ほら、片づけよう」「早くキレイにしようよ」

◎な回答例

「まずは、床の絵本を本棚に入れようか♡」「人形をカゴに入れようか？」

解説

抽象的な指示だと、子どもは動けません。「この服をカゴに入れてね」「本を机の上に置いてね」のように、1つずつこなしていけるような言葉かけが理想です。

子どもにとっては、「お母さんが言っている『片づけよう』は、『おもちゃをカゴに入れること』だったんだ、ぼく知らなかった！」ということもあるんですよ。

脳は車のエンジンと同じで、働き始めるときのスタートアップが、一番パワーを使います。そのスタート部分を軽くするのが、◎な回答例のような、具体的でシンプルな提案の言葉です。

ここまでお伝えしてきた方法で、子どもが提案を聞くことができたら、最後に子どものことをきちんとほめましょう。

もしかすると、子どもが駄々をこねたり、かんしゃくを爆発させて話を聞かずに、提案をまったく聞かないときもあるかもしれません。

そんなときはどうしたらいいのか、次のステップでお伝えしていきます。

5〜6週目

ステップ3

「子どもの感情に巻き込まれない」

5〜6週目では、子どもの感情に巻き込まれない方法を習得します。**ここで得たいのが、「待つ」というスキルです。**

ステップ3に挑戦する前に、ここまでのおさらいを簡単にしておきましょう。

まず、子どもに肯定的な声かけをしてコミュニケーションを始める。

次に、子どもが行動したくなる提案をする。

もし、子どもが提案を受け入れて自分でさっと動けば、ここからご紹介するステップ3は省いて、ステップ4（130ページ〜）に移ってOKです。

しかし、発達障害の子は「行動の切り替えが苦手」という特性と「こだわりが強い」という特性がある場合が多いので、なかなか提案通りに動けないことも多いでしょう。

子どもが提案を聞かないとき、反抗してきたとき、次の行動ができないときにおこなうのが、ステップ3「子どもの感情に巻き込まれない」です。

具体的には、子どもの思考や行動を一定の距離感を保って待ったり、取り合うべきではない子どもの行動を静観することを指します。

一見、簡単に思えますが、やってみると結構難しいアクションです。

なぜ、感情に巻き込まれないことが大事なのか

このアクションが難しいのは、一時的に子どもを放置しなければならないからです。

たとえば、お母さんが子どもに歯みがきをさせたいとき。

視線を合わせて「そろそろ、歯みがきしようか」と指示を出したとします。

ここで子どもが、「イヤだ！　まだテレビ見る！　うるさい！」と言ったときに、普通なら「うるさいじゃないの！　早く歯みがきしなさい！」と、つい言ってしまいますよね。

これは、子どもの暴言やかんしゃくをひどくさせることにつながります。

子どもの暴言や文句というのは、親が応戦すればするほど、ひどくなります。加えて、先にもお伝えしましたが、発達障害の子は叱られても行動を改善することが難しいのです。

また、「早くしなさい！」「どうしてやらないの！」とお母さんが子どもに声かけをしていると、子どもは「お母さんが僕にいろいろ言っているし、もしかして駄々をこね続けたら、歯みがきしなくてもいいかもしれない」と、言葉で応戦してくる親に対して反抗し続けます。

親が取り合うことで、子どもに「お母さんがこっちを見ている、まだまだ反抗するぞ！」という気持ちにさせてしまうのですね。

ですから、子どもが「イヤだ！　まだテレビ見る！　うるさい！」と言ったときには、子どもの言動には応じずに、ひたすら聞き流したり、見て見ぬふりをしたり、スルーして待つこと（＝子どもの感情に巻き込まれないこと）が必要なのです。

これはお母さんにも忍耐が必要なので大変かもしれませんが、この**「取り合わずに**

待つ」という過程は、子どもをよい行動に促すために欠かせません。

ただ、目的は子どもの好ましくない行動をストップして、好ましい行動を促すことであり、子どもに「無言のプレッシャー」を与えたり、精神的ダメージを与えることではありません。

ですから、「はぁ〜あ」とため息をつきながら放置する、子どもを怖がらせる大きな音を出しながら片づけなどをして、子どもにプレッシャーを与えるといったことは絶対にしないでください。

そして、子どもが次の行動に切り替えられたり、喜ばしい行動に移ることができたら、すかさずほめます。

待っているときは、子どもをほめる準備をするつもりでいるといいですね。

次のページに、「感情に巻き込まれずに子どもを待つ」ときに大切なことをまとめました。ぜひ、参考にしてみてください。

子どもを待つときの 3つのポイント

❶ 好ましくない行動が始まったら、視線も体も向けない

注意したり、叱ってから待つのでは意味がありません。最初から見て見ぬふりをしましょう。「お母さんは、あなたのしていることを気にしていないよ」という態度をつらぬいてください。

❷ ため息をつくなど、否定的な感情は示さず、ほめる準備をする

否定的な感情は子どもの心にダメージを与えますし、「言葉で言い返さない」だけで、結局、子どもの反抗的な態度に応戦していることになります。否定的な感情を表に出さないためにも、なにかほかのこと（家事をする、本を読むなど）をしておくのをオススメします。子どもが暴言を吐くのをやめられたり、次の行動に移れたときに、“ほめ逃さない”ように、いつでもほめられるような準備はしておきましょう。

3 好ましい行動が出たらほめる、感情に共感する

子どもがふてくされながらも、次の行動を始めたり、なにかよい行動を取り始めたら、そのこと（よい行動）を即座にほめましょう。

また、指示を聞けずに好ましくない行動をするとき、その裏に子どものマイナスの感情があるようだったら（例：テレビをもっと見たかったのに、突然テレビを消されて悲しい）「悲しかったね」「突然でビックリしたね」と、子どもの気持ちに共感する言葉をかけてもいいでしょう。そのときも、よくない行動はスルーすることを忘れないでください。

7〜8週目

ステップ4

「子どもを肯定する」

発達科学コミュニケーション、最後のステップは「子どもを肯定する」です。

会話の最後に子どもを肯定することで、子どもに成功体験の記憶をつくります。

頑張れた子ども、指示を聞けた子どもを存分にほめましょう。

子どもが行動できたらほめればいいので、これは普段からやっている方も多いかもしれませんね。

「ほめるなんて簡単」と思っている方もいるかもしれませんが、実は子どもをほめるときにも、効果的な方法と、そうでない方法があります。ここでは、ほめの威力が上がる〝子どもにしっかり伝わるほめ方〟を習得しましょう。

子どもにしっかり伝わるほめ方のポイント

☆ポイント1：途中でこまめにほめる

行動に取りかかったときこそほめるタイミングです。

まだ行動の途中であったとしても、ほめられることで「ぼく、できているんだ！」と、子どものやる気がアップします。

また、発達障害の子は最後までやり通せないことが多いので、「全部できたらほめよう」と思っていると、肯定するチャンスを逃します。なにかをやり始めたタイミングですぐによくほめると、好ましい行動が長続きします。

具体的なほめるタイミングは、「好ましい行動を始めたとき」「途中までできたとき」「完璧でなくてもやったとき」「文句を言いながらもやったとき」「行動を終えそうなとき」などです。


〈言葉かけの例〉

「（宿題をやり始めたのを見て）お、もうやってるの！」

「着替え始めたんだね、えらい！」

☆ポイント2：事実をコンパクトにほめる

「えらいね」「すごいね」という言葉もいいのですが、本人ができた行動をそのまま言葉にしてほめたほうが、効果は高いのです。なぜなら、行動できたことに本人が自分で気づくことができるから。なにをしたときにほめられるのか本人が確認できて、ほかの人と価値基準も共有できるようになります。

ここで言ってはいけないのが、「最初からそうしてね」「明日もそうやろうね」という、皮肉や批判が混じった言葉。これではせっかくのほめ言葉が、結局お説教になってしまいます。ほめっぱなしで会話を終えるのがコツです。

〈言葉かけの例〉

「ごはん食べてるね」（今やっていることを、ありのまま実況中継する感覚で言う）

「丁寧に服をたたんでいるね」（どんなことを、どんなふうにしているかを伝える）

☆ポイント3：肯定的な言い方でほめる

子どもの脳の中では、言葉の中身よりも表情・声色・語調といった非言語情報が先に処理されるようになっています。そのため、言い方しだいでは、言葉としてはほめているのに、その内容が伝わらないことがあるので要注意。

子どもに成功体験の記憶をつくるには、プラスの感情が発生しなければいけません。上のイラストのように、子どもにプラスの気持ちを生み出すような表情・声色・語調でほめ言葉を伝えましょう。

行動とプラスの感情がセットで記憶されると、次にその行動を指示したときに「できる！」というイメージが持てるので、子どもがさっと動くようになります。

3つのポイントを使ってほめると、子どもの反応がグッと変わります。それは、きちんと「お母さんはほめているよ」ということが子どもに伝わるからです。

ただ、発達障害の子は失敗やできないことが多いので、「どこをほめたらいいかわからない」というお母さんも、いらっしゃいます。基本的にはポイント2でお伝えした通り「事実をコンパクトに言う」だけで、子どものことをほめることはできます。

しかし、ほめ方にバリエーションを持たせたいときは104〜105ページでお伝えした**肯定的な言葉かけができる8つのテクニック**を使うのもよいでしょう。

子どもを前向きに肯定することで、子どもは「お母さんが認めてくれた！」とやる気を出すはずです。

また、ステップ4はコミュニケーションの最後にしかやってはいけないというわけではありません。子どもがよい行動をしたら、いつでもほめてあげてくださいね。実際に、どうやって子どもをほめたらいいか、練習してみましょう。

ほめ上手になるワーク

Q1

次の絵の子どもをほめるには、
どのような声かけをしたらいいでしょう。

回答例

×な回答例

「本、片づけて」「本、逆さまだよ」「本、斜めじゃない？」

◎な回答例

「本、片づけてるんだね」「本を片づけてくれてありがとう、助かったよ」「もう片づけてるんだ⁉　すごい！」

解説

本が斜めになっている、逆さまに本棚に入っている……など、〝子どもができていないこと〟に目を向けるのではなく、〝子どもができていること〟に目を向けてほめましょう。成功体験をさせることが大事なので、まずは細かいところはできていなくてもスルーしてＯＫです。この行動をくりかえすうちに、お片づけが上手になってきます。

Q2

次の絵の子どもをほめるには、どのような声かけをしたらいいでしょう。

回答例

×な回答例

「早くしなさい。まだ着てないの⁉」「今、何時だと思ってるの⁉」「さっさと着替えなさい！」

◎な回答例

「起きられたんだね」「もうパジャマ脱いだんだね」「洋服出してきたんだね」「パンツ、はいてるね」「わー、靴下はけた～！ 今日はかっこいいの選んだね～！」

解説

ここでも、子どものできていないことに注目せず、すでにできていること、すでに終わっていることに注目しましょう。とくに気づいてほしいのが、すでにベッドから出て起きているということ。朝ですから身支度以上に、「起きる」ということが大事ですよね。そこも、大切なほめポイントになるんですよ。

ほめられ慣れていない子や、おとなしい自閉症スペクトラムのお子さんは、ほめられても反応が薄い場合があります。お母さんとしては「あれ、伝わってないのかな？」と、不安に思うかもしれませんが、とくに反発してこないのなら、〝ほめの効果〟はジワジワ効いてきます。安心して継続してくださいね。

発達科学コミュニケーションがマスターできれば、お母さんは子どもの発達をしっかり促せる「発達支援のプロ」になれること、間違いありません。子どもと接するときは、どんなときでも、この発達科学コミュニケーションをベースにして、話をしていってください。

次の4限目では、よくある困ったシーン別の話し方をより細かく紹介していきます。基本的には発達科学コミュニケーションの応用ですので、復習するつもりで、読んでみましょう。

4限目

子どもも
お母さんも悩みやすい！
「困ったこと」の対処法

ケース1 かんしゃくが強くて手がつけられない

文句を言いたいとき、主張を曲げないとき、子どもの頭の中がどんな状態になっているかを想像すると、対応しやすくなると思います。

かんしゃくを起こして手がつけられないときというのは、子どもが、自分の中では抱えきれない負の感情を、外に向かって爆発させている（＝負の感情をアウトプットしている）ときです。

このかんしゃくや暴言にお母さんが応戦したり取り合ったりすると、子どもは、暴れたりぐずったりして感情を爆発させることで、問題解決することを覚えますから、かんしゃくがクセになってしまいます。

このルーティンを断ち切るには、3限目（124ページ）で紹介したステップ3「子どもの感情に巻き込まれない」をメインに使ったコミュニケーションが有効です。子どもがどんなにかんしゃくを起こしても、暴言を吐いても、静観して、距離を取りましょう。

〈例〉

お母さん：「そろそろ宿題始めようか」（指示出し）

子ども：「イヤだ！」（わーわーわめく、暴れる、泣く）

お母さん：（離れたところから、しばらく無言で見て見ぬふりをする）

子ども：「今は、テレビが見たいんだ！」（自分の要望を展開）

お母さん：（待つ）

子ども：（しぶしぶ、涙を流しながら、宿題プリントをランドセルから出す）

お母さん：「宿題、始めたね、えらい！」（できたことをすぐほめる）

かんしゃくを起こすのが日常的だった子は、お母さんが反応してくれることに慣れっこになっているので、ステップ3を取り入れると、最初は一時的に今まで以上に派手に泣き、エスカレートしたように見えます。**エスカレートしたときがこらえどころ。**2、3日続ければ「自分が次の行動に移れば、お母さんはほめてくれる」ということを学習するので、最初は大変でも、こらえてくださいね。

ケース2 公共の場でパニック、かんしゃくを起こす

発達障害の子がスーパーやレストラン、電車やバスの中などの公共の場でかんしゃく、もしくはパニックを起こした場合は、まず場所を変えましょう。

よくあるのがお店やスーパーで、お菓子やジュースを見て「これがほしい！」と泣き叫び、かんしゃくを起こすケース。この場合は、その場でちょっとたしなめたくらいでは言うことを聞きません。

そんなときは、まず子どもがほしがっている物が見えないところまで移動します。

よくない例は、「これほしい！」と目の前にほしい物があるその場で「さっき、おやつ食べたばかりでしょ！」「ダメよ！」と説得し続けること。**発達障害の子に限らず、幼児期は聴覚よりも視覚が強いことが多いので、ほしい物が目の前にあり、視覚情報として入ってくれば、欲求を抑えられません。**「ほしい！」という欲求が抑えられなければ、子どものかんしゃくは終わらないのです。

子どもの記憶力はせいぜい数分くらいなので「これほしい！」と、駄々をこねてい

たら、まず子どもを抱き上げてでもいいので、場所を変えること。子どもの目にほかの物が入るようになれば（入ってくる視覚情報が変われば）、かんしゃくはすっと落ち着きます。

とにかく、外出中や公共の場でパニックになり始めたら、

・今いるところから離れて気分を変える

・見える風景が違う所まで移動する

この2つを、心がけてください。

発達障害の子の中には、特定の場所（たとえば、病院など）に異常に嫌悪感を示し、かんしゃくやパニックを起こすこともあります。その場の雰囲気に慣れていないこと（場所見知り）が原因の場合が大半です。

そんなときは、普段よく使うおもちゃ、お気に入りの絵本などが役立ちます。

初めての場所に出かけるときは「子どもが安心できるもの」を用意しておき、どこにいても、普段のリラックスした雰囲気をつくるように心がけてください。そうすれば、「ここは安心できる」という感覚が、子どもにも備わっていきます。

ケース**3** 集団行動がうまくできない

子どもが幼稚園や学校など、集団の中でうまくいかないとき、大概、お母さんはそばにいません。ですから、お母さんが即座にその場で対応できることは、ほとんどないはずです。

集団行動がうまくいかないのは、対人関係が苦手な特性を持った子に多いです。そういう子の場合は、まずは、**一対一や少人数で、人との関わりを持つことに慣れさせることから始めましょう。**

もし、お子さんにこのような特性がある場合は、まず親子で会話する機会を増やし「会話のキャッチボールがスムーズにできるか」「相手の気持ちを考え、それに沿った対応ができるか」など、チェックしてみましょう。できないようであれば、お母さんとの間の一対一のコミュニケーションを深めます。お子さんの発達障害の程度にもよりますが、まずはお母さんと子どもの間の信頼関係をしっかり築くところから始め、徐々に「相手のことを考えた対応」ができるように、会話の中で教えていきましょう。

発達障害の子は、相手の立場に立つということが難しいので、最初は、〝お母さんが子どもを肯定する〟〝子どもをほめる〟ことで、スムーズな会話を数多く経験させることに力を注いでください。

お母さんとの一対一の関係をお手本にして、子どもはお友だちや学校の先生とも、一対一の関係を築いていきます。

このケースに関しては、事前に学校の先生などと連携しておくのもよいでしょう。たとえば、発達障害の子は、自分に話しかけられているという意識が弱いので、教室で一斉に指示を出されても、自分にも言われていると気がつかないことが多いのです。そんなときのため、先生に「うちの子には全体へのアナウンスのあとで、個別に声かけをお願いできませんか」と連絡帳などでお願いしておきます。

運動会や発表会でみんなと一緒にすべての競技に参加できない子もいます。そういう子には、一瞬だけでも参加できる演目や決めのポーズだけ用意してもらう、平均台がダメなら縄跳びだけにするなど、「できること」にフォーカスした参加の工夫を先生と相談し、少しずつできることを増やしていきましょう。

ケース4 『どうしてもこうじゃないと』のこだわりが強い

「青い電車に乗りたい！」「このコップじゃなくちゃイヤだ！」など、1つのものに異様なこだわりを示すのも、発達障害の子の特性です。

こだわりは、その子が安心するためのお守りや儀式のようなものですから、無理にやめさせせないようにしてください。もしなににこだわるかがわかっていたら、可能な限り、そのこだわりにつき合ってあげられるといいですね。

たとえば、遅延や事故などの不測の事態でお目当ての青い電車に乗れず、パニックを起こしかけたら、スマホなどで電車の写真を探して見せて、

「青い電車（京浜東北線）は、事故で止まっちゃったんだって。そしたらさ、ねえ、この緑の電車（山手線）見て！　これに乗ってみようか？」

というふうに話しかけます。

こだわりの強い子は、視覚優位の特性を持っている場合が多いので、写真などを見せながら別の選択肢を提案すると、比較的スムーズに説得できます。

あるいは、

「山手線にする？ 地下鉄にする？ ……え、埼京線がいい？ いいね、それ！」

というふうに、3限目のステップ2（114ページ）でふれた「指示出しテクニック」の「選択させる」という方法を使うのも、いいと思います。自分で選ぶという能動的な行為は、行動につながりやすいからです。

子どもが新しい選択肢を選ぶことができたら、お母さんも子どもの選択を「ほめること」で返しましょう。これは理想的な対応です。

「子どもがなにかにこだわる」という特性自体に、お母さんがイライラを感じていることも多いのですが、こういう特性はありのまま受けとめるとラクになりますよ。

たとえば、ランドセルの中でプリントがぐちゃぐちゃ……だけど、「こだわり」が発揮されて、頑としてクリアファイルを使いたがらない男の子がいたとします。そんなときは、「ま、ぐちゃぐちゃでもプリントを持って帰ってくるなら、いっか！」くらいの気持ちでスルーするのも、子育てをラクにするコツです。

ケース 5 突然走りだすなど、思いつきの行動をしようとする

落ち着きがなくそわそわしていて、じっとしていられなかったり、目的の物を見つけるとそれしか目に入らず、それに向かって突進していく……などは、ADHDの代表的な特性です。

お散歩中などであれば、走ったり、動いたりしても問題ありませんが、食事中に椅子から立ち上がって走りだしたり、授業中に教室をふらふらと歩き回るのは、困ってしまいますね。

このようなときは、**子どもが思いつきの行動をしそうだなと思ったら、すぐにさっと注意を引いて、今やるべきことだけをコンパクトに伝えましょう。**

たとえば、「お風呂♪」「お着替え♪」「ごはん♪」というように。

はじめのうちは、突然パッと動きだす子どもを捕まえるので必死かもしれませんが、慣れてくると、子どもが動きだす前に、「走りだしそう」「なにか思いつきの行動をしそう」なことがわかるようになります。目の動きを観察していると、子どもの衝動的

な行動の前兆をつかむことが比較的簡単にできます。

動く直前、もしくは動いた瞬間がわかったら、短い言葉でやるべきことを伝えるのです。衝動性の強い子は、ほんの一瞬しか話を聞いてくれないので、「次は、ハンバーグ食べたら？」も長すぎるフレーズです。ですから、「お肉！」でＯＫ。

この場合は、指示出しでコミュニケーションを始めるイレギュラーな話し方です。

お散歩中、お出かけ中でも、もし初めての場所で子どもが走りだすことに不安があれば「慣れない場所だから、手をつないでおこうね」と言い聞かせておいて、しっかり手をつないでおきます。

衝動的な行動を抑えるのに意外と大事なのが「会話」です。子どもは飽きると、なにかしようとしますから、気を紛らわすために、話し続けておくというのも大事です。子どもの好きなアニメの話、学校の話、なんでもいいです。**とにかく注意をなにかに向かせておくと、衝動的な行動も少しは抑えられます。**子どもの脳は退屈が嫌いですから、目に入ったものにすぐ反応します。

大切なことは、子どもの脳にスキを与えないことです！

ケース6 友だちを叩くなど、問題行動を起こす

叩くというと極端なケースですが、友だちにちょっかいを出し続けてしまう、異性の友だちとの距離が近すぎて相手を不快にさせてしまうなど、「友だちが嫌がることをしてしまうことで起きるトラブル」は、とても多いです。

相手の気持ちを察知できない子、相手の嫌がることをやってしまう子は、〝それがいけないことだ〟というルールをわかっていないことが、ほとんどです。

逆に「これはダメなんだよ」と、友だちにやってはいけないことをルールとして教えれば、それを理解できることも多いので、友だちに関するルールをお母さんと子どもの間で決めてしまうのも1つの手です。

たとえば、「お友だちと遊ぶときの3か条」として、

その一：友だちの顔はさわらない
その二：嫌だと言われたらやめる
その三：その子が逃げたら、ほかの子と遊ぶ

というように、カッチリと決めてしまいます。

また、ただ単に禁止のルールだけを決めるのではなく、「なにをすればいいのか」まで教えておくと、友だち関係のトラブルをなくすのに、より効果が出るでしょう。

日本には「暗黙の了解」という目に見えないルールや、あえて言葉にしないでもみんなが共有しているルールがあります。

発達障害の子たちは、この見えないルールに気づくことが苦手なので、ついついやっちゃうワケです。暗黙のルールを言語化するのは案外、多くのお母さんがやっていないことですね。

お母さんにとっては常識すぎて「そんなこともわからないんだ」とびっくりすることもあるはずです。

そこを、子どもに社会スキルの辞書をつくるつもりで、「友達の顔はさわらない」とあえて言葉にすることを心がけてくださいね。

ケース 7

人と目を合わせられない・人の目をじっと見すぎてしまう

重度の自閉症スペクトラムの子は、他人と目を合わせられないことがあります。軽度やグレーゾーンの子にはこの悩みは少ないですが、一部の子は、他人と目を合わせるのが苦手です。チラッと見ることはできるけれど、「目を合わせ続けるのはきつい」という子や、正面から相手の目を見ることができないので、自分が相手に対して斜めを向き、その姿勢から相手の顔を見る子もいます。

反対に、相手の目を凝視しすぎてしまう子もいます。これも自閉症スペクトラムの特性の1つです。

お子さんがこのような特性を持っていると「しつけの問題だ」と必死でなおそうとするお母さんがいらっしゃいますが、それではうまくいかないことが多いのが事実です。なぜなら、**そのような子は、「物の見え方が他人と少し異なっている」から**です。

発達障害の子の中には、「光過敏」という特性を持ち、光がほかの人よりもすごくまぶしく見えてしまう子がいます。このような子は、物を見るときに、なんとか見る対象に影をつくろうとして、姿勢を斜めにしたり、プリントや机に覆い被さったりします。このような特性と同様に、相手の目を見ることがどうしてもできないという視覚に関する特性を持った子もいるのです。

発達障害の子はこのように見方、見え方というのがそもそも違うことがあるので、その点をまずは理解してください。そのうえで覚えておいてほしいことが1つ。

人と目を合わせるというのもコミュニケーションの1つですが、それを感覚として習得する場は、やはり親子の会話です。人との距離感、アイコンタクト、言葉のキャッチボールなど、会話の中で学ぶことは本当に多いです。

他人と目を合わせるということに関しても、親子の会話で学べます。

視覚に特性がある子の場合は、お母さんと穏やかな会話ができるようになると、自然とアイコンタクトの方法を学ぶ機会も増えてくるので、特性が緩和されることはあるでしょう。

大変だからこそ、ここがこらえどころだと思って、お子さんと話す機会を大事にしてくださいね。

ケース8 一方的に話し続けて、人の話を聞かない

話を聞かないと言っても、タイプはいろいろです。相手にかまわず一方的に話し続ける子、同じことを何度言っても、聞いていなくて行動できない子……などが、〝発達障害あるある〟ですね。

まず**「子どもは（言ったことを）覚えていないものなんだ」**ということを大前提としておきましょう。こう考えるだけで、かなり気がラクになると思います。

そのうえで、話を聞いていない子に対してはコンパクトに指示を分解して伝えます。だらだらと続く文章のような言い方をせず、箇条書きのように話すこと。

「今からやることを言うよ！　1つ目はランドセルを置く！　2つ目は手を洗う！　3つ目はおやつを食べる！」

というふうに。

こちらの様子にかまわずに一方的に話し続ける子には、会話の順番を教えましょう。

幼稚園から小学校1年生くらいの子なら、ボールなどの道具を会話に取り入れます。「ボールを持っている人が、今はお話しする番だよ」というルールをつくって話します。話す順番が可視化されるので、わかりやすく、実践しやすいはずです。

それ以上の年齢の場合は、とにかく、子どもの話を聞きながら気になったことをどんどん聞いていきましょう。質問をはさみ込むのです。

「この電車がきて……そしたらこれに乗って…（話がエンドレス）…」

と、子どもが話し続けていたら、

「その電車何色？」「……なんで、タカシ君は、その電車が好きなの？」「……さっきの電車の名前もう1度教えて！ 聞き漏らしちゃった！」

と質問を入れていきます。

聞き手のお母さんが質問を投げかけることで、少しずつ、一方的に話すことが減ります。言葉のやりとりの感覚も、実際の会話から学んでいけるのです。

一方的に話す子どもは、相手が話を聞くことを想定していないことが多くあります。だけど、お母さんがリアクションをすることで、「あ、この話わかってくれたんだ」と感じられ、ちゃんと相手に伝わるように話せるようになります。

ケース9 想定外のことにパニックになる

発達障害の子はイメージすること、目の前にないことを想像するのが苦手なので、予想外のことが起きるとパニックを起こします。

お子さんが予想外のことでパニックを起こしやすい子だとわかっているのならば、パニックを予防するために、お母さんが事前に「予告」しましょう。

たとえば、明日は遠足で子どもがそれをとても楽しみにしていたとします。でも、万が一、行けなくなることもあるかもしれないですよね？　だとしたら、会話の中で、こんな予告を、さりげなく伝えます。

「でもね、もし雨が降ったら行けなくなるんだよ。そしたら別のことをするからね」

「もし、◎◎だったら……」という想定をさせることは、とても大事です。こうすることで、子どもにとって〝予想外の出来事〟が少なくなります。

大人にとっては想定内の出来事でも、子どもにとっては予想外の出来事……ということも多々あります。そのため**予定を伝えるときには、できるだけ細かく、1日の流**

れをイメージさせながら伝えることも重要です。 たとえば、次の日に遊園地に行くことを伝えるとき。

「明日は朝10時に家を出て、11時には遊園地に着くよ。そしたらいろんな乗り物に乗って、お昼ごはんを食べて、おみやげを買って、16時には遊園地を出て、18時には家に着いて、お家でごはんを食べるよ」と、いつなにをするのかできるだけ細かく伝えましょう。点と点の行動を、線でつないであげるとイメージしやすくなります。

また、発達障害の子は、いろんな物に対してこだわりが強いですから、**新しくふれる物や場所にも慣れさせておくのも、予告の1つになります。**

たとえば、発表会でピアノを引く場面があったとします。初めての場所、初めて使うピアノに拒否反応を示すこともあるので、事前にステージを見せておいて、当日は、こんな舞台に立つんだというイメージを教えてあげます。

また、「家とは違うけど、同じピアノなんだよ」と、発表会で使うピアノを事前に見せたり、さわらせておきます。実物の写真を見せておくのでもOK。できるだけ本番直前に、実物にふれさせるようにすれば、突然パニックになることも減らせます。

ケース10 書く、読む、計算する……などの学習が一向に身につかない

家庭で勉強を教えるときも、「発達科学コミュニケーション」が基本です。

「お、漢字の練習やってるね」（会話をスムーズにスタート）「次は、この線からはみ出ないように書いてみようよ」（指示出し）などと声かけして、様子を見ます。

それから、もしなにかできたら、そこに注目して「線の中に、上手に書いたね」「最後までできたね」とほめて、終了です。

間違いを見つけたら、指示出しのコツ3S（110ページ～）をふまえて指摘しましょう。穏やかな声で「ここ、点を書いたら正解だね」と言えばいいんです。

学習障害のある子は、同じ所で何度も間違えます。ですから、同じことを何十回、何百回と注意され続けることになるわけです。言うほうも確かに大変ですが、言われるほうも大変です。だからこそ、子どもにストレスをかけないように、ゆっくり、短い言葉で、穏やかな口調で話すことを心がけてください。

時間はかかるかもしれませんが、今日少しでもできたことは、学習障害の子にとって無駄ではないんです。そこを、お母さんはほめ続けてあげてくださいね。

書くのが苦手な子は、学校の板書が苦痛になることがあります。そんなときは、事前に先生と相談してみましょう。板書の量を減らしてもらったり、その日に板書した内容を、別途プリントでもらえるようにしたり、先生と連携してできる工夫はいろいろあります。

また、苦手な分野の宿題だけは、3枚のプリントを1枚にしてもらうなどの相談ができたらいいですね。その場合は、1問を解くのにどれくらいの時間がかかるのか、実測して先生に伝えて相談するといいと思います。大変さを具体的に理解してもらうことは、とても重要です。

学齢期は、子どもの自己効力感（〝自分でできる〟という感覚）を育む大事な時期です。学校や先生によって難しいことは多々あると思いますが、先生とうまく連携して、子どもが成功体験を積み上げられるように、いろいろと工夫してみましょう。

ケース11 話がかみ合わない

気持ちと使う言葉にずれがあるケースは、発達障害の子だけでなく、子どもによくあります。

たとえば、ケン君とタカシ君が遊んでいると、マコト君が「タカシ君、遊ぼうよ」とやって来て、タカシ君とマコト君が行ってしまいます。すると、ケン君は「タカシ君なんか大嫌い!」と言い始める……。この「タカシ君嫌い!」は、言い換えれば、「もっとタカシ君と遊びたかったのに……」という寂しさの現れなのです。だから、「そんなこと言っちゃダメでしょ!」と注意しても意味がないし、注意すれば余計にぐずるだけ。

お母さんができることは、子どもの真意をくみ取って「本当はもっとタカシ君と遊びたかったんだね」と代弁してあげること。言葉をそのまま受け取って、その言葉に反応したり注意したりしても、子どもの気持ちは満足しません。

定型発達の子でもそうですが、発達障害の子は、**自分の感情処理が苦手で、わき上がる感情を上手に表現したり伝えたりすることが苦手な場合が多いです。**

お母さんが察して代弁してあげることで、少しずつ、言葉と感情が一致してきます。

話がかみ合わないケースのもう1つのパターンが、相手の言葉を字義のまま受け取るということ。

たとえば先にも出てきた例ですが、「今、何時?」の意味で「時計を見て」とたずねた場合。時計を直視して「はい、時計見たよ」と対応するのは、発達障害の子によくある事例です。

このようなことがあったら、**「『時計を見て』と言ったのは、『今、何時なのか？』を、ケン君に確かめてもらいたかったからなんだよ。そういう意味合いで『時計を見て』と言うこともあるんだよ」と、くりかえし教えていきましょう。**

発達障害の子は、教室で隣の席の子が「今日、消しゴム忘れちゃった」と言っているのに、「ふーん」とだけ返答することも多いです。

これは「消しゴム忘れちゃった＝消しゴム、貸して」の意味だと気づいていないから。言葉の裏を読むことが苦手だと、悪気はないのに「○○君が消しゴム貸してくれない！　意地悪！」と友だちトラブルが起こることもあります。

お母さんは徒労感を感じるかもしれませんが、**1回1回の会話で、子どもに伝わるような言葉のチョイスをしたり、言葉の本当の意味を伝える作業を根気よく続けてください。**

かみ合わないことから逃げていると、その子はいつまでたっても、会話の練習ができません。

そして、もしある日、子どもがお母さんの真意をくみ取って答えられたら、そのときはすかさず「気持ちをわかってくれてありがとう」と、言葉の裏を推測できたことを肯定してくださいね。

5限目

子どもがぐんぐん伸びる！
暮らしの工夫

発達障害の子を支援しやすい環境って、どんなもの？

「家庭を発達障害の子の支援の場に！」

というのが、私の講座やカウンセリングのモットーです。お母さんはコミュニケーションを変えるだけで、発達支援のプロになれるのですが、これをさらに強化するのが、家の中の環境整備。

ここでは、**家庭を支援の最良の場とするために必要なことを「部屋づくり」「家での習慣」「家庭で使えるツール」などを通して説明していきます。**

まずは、家の中全体に関係する「部屋づくりのポイント」から見ていきましょう。

☆ポイント1：ちょっと〝冒険できるスペース〟がある

冒険できる家とは、なにもアスレチックのような施設がある家ではありません。言い換えれば、「片づけすぎない家」ということです。

たとえば、小さい子は、引き出しを開けて中身を全部出したりしまったりをくりかえします。また、棚からちょっとはみ出たものに「これ、なに!?」と興味を示して、引っ張り出したり、抜き取ったりしようとします。

このような「小さな冒険」をすることで、子どもは好奇心を刺激されます。家にあるいろんなものから刺激を受けることで、脳の発達も進むのです。定型発達の子はもちろん、発達障害の子どもにこそ、こういう刺激が必要です。

子どもの記憶力はまだまだ未熟な状態。物を引き出しにしまいこんでしまうと、その中になにを入れていたのか、思い出せなくなることも多々あります。

親が「部屋をキレイにしよう！」と、引き出しにあれもこれもしまいこんでしまうと、子どもにとっては、どんなに好きなおもちゃでも「持っていない」のと同じ状態になりかねません。少し乱雑で、中になにが入っているのかわかるくらいの状態の引き出しのほうが、子どもの好奇心を刺激できるのです。

この冒険は、床に塵《ちり》ひとつ落ちていないように整理整頓が行き届いている家では、できません。「整理整頓がちょっぴりやりきれていない感」が、そこかしこに漂う家のほうが、子どもが物をいじったり、動かしたりできるなど、空間に「余白」があるので、子どもの脳を刺激できます。

片づけすぎた家は、子どもにとって、もはや背景と同じ。脳を刺激するトリガー（引き金）を残した家にするといいですね。

とくに家族と長い時間過ごすリビングでは、子どものほしいものが手に届くところにあり、片づけすぎていない部屋を目指しましょう。テレビや雑誌に出てくるような美しいリビングは素敵ですが、子どもにとっては、ちょっと雑然としているくらいがちょうどよかったりします。

リビングの一角だけ、ちょっとぐちゃ〜っとしていたり、ごちゃごちゃなスペースがあるのでもいいでしょう。「ここだけは散らかしてもＯＫ（冒険ＯＫ）」というスペースを、あらかじめ用意しておく感じですね。そうすると、お母さんも、片づけできない言い訳が立つので、ちょっぴり気がラクになりませんか？

脳への刺激の面で言えば、モノトーンや単色で統一されすぎているよりは、冒険OKなスペースだけは、少しカラフルにするという配慮もいいと思います。

また、プラスチックやビニールよりは、ザラザラ感や凹凸などの質感を感じやすい木・糸・紙などがインテリアに組み込まれているほうが脳を刺激する効果があります。幼児期の皮膚刺激は、感性や人づき合いの発達の土台になるので、バリエーションのある触覚を体験できることも大切です。

☆ポイント2：物の定位置と、どこでなにをするかが決まっている

大事なことの2つ目は、「物の置き場所を決め、どこでなにをするかを決めておく」ということです。**これは、不安や緊張感の強いお子さんや、集団活動や人づき合いが苦手なお子さんに適した環境整備です。**

こうすると、子どもが「アレ、どこだっけ?」「今、なにするんだっけ?」「ここで着替えていいんだっけ?」と混乱しなくなりますし、部屋も散らかりにくくなります。

物の定位置を決めるといっても、「キッチリ1つひとつの物の場所を決めて棚にしまいこみなさい」というわけではありません。ざっくりでもいいので、この場所にはコレを入れるということを決めておきましょう。

自閉症傾向の強い子は、こだわりが強いことも多いので、子どもによっては、場所をしっかり決めたがる子もいるかもしれません。そういう場合は、その子に合わせるなど、子どもの状態に合わせて位置決めをおこないます。

簡単にできるのは、子ども専用の一時避難ボックス（すべての物を入れるボックス）をつくること。これは、発達障害でない子のお片づけにも役立ちます。

いろんなものを種類別に片づけるのは、子どもにはハードルが高いこともあるので、そのボックスには、文具、おもちゃなど、「子どもの物すべて」を入れてしまいます。

こうすれば、すべて1つのボックスで管理できるので、なくし物も少なくなるはずです。

発達障害の子はルーティンが得意ですから、1度ルールを決めれば、行動がするするとスムーズに進むことがあります。また、ルールに従えば、気持ちがパッと潔く切り替えられることもあります。

ルールづくりに役立つのが「ここは○○をする場所」と、どこでなにをするのかを決めてしまうこと。

朝の着替えはリビングのソファの前でする、宿題はいつもリビングのこの椅子でやる……など、場所によってやることを決めましょう。

それが子どもにしっかり定着すれば、リビングのこの場所に来たら自動的に着替え始める、この椅子に座ったからスムーズに宿題に取りかかれる……と、行動の切り替えがしやすくなります。ルーティン好きで、こだわりが強い子どもにはとくに、この「場所スイッチ」は有効です。

ただ、基本的に「1つの場所につき1アクション」と考えてください。自閉症傾向が強い場合には、1つの場所にいくつものアクションがあると、1つひとつ声かけしないと行動できない子も少なくないでしょう。

たとえば、食事と宿題で同じテーブルを使うなら、食事のときは窓に向かって座らせ、宿題は窓を背にして座らせる、というように分けられたらいいですね。視界に見えてくるものが違うだけで、場所スイッチが入りやすくなります。

☆ポイント3：「感覚遮断」に気を配る

ポイント1と少し矛盾するところがあるのですが、**子どもによっては、情報を過剰に入れない部屋づくりも必要になります。**

なぜなら、発達障害の子の中には光過敏、聴覚過敏など、外からの情報に過敏に反応してしまう子がいるからです。お子さんがこのような特性を持っている場合は、部屋が散らかっているとストレスになりますし、なにかをやるときに集中できません。

ADHDのように、刺激に過剰に反応してしまう特性が強いお子さんの場合は、カラフルで少し汚れた部屋よりは、刺激が少なく物が少ない部屋のほうがいいのです。

さらに、光過敏、聴覚過敏が激しい場合は、一歩進んだ対策が必要なこともあります。部屋に少し工夫をするだけで、子どもの特性や気持ちが落ち着くこともあるので、心当たりのある方は、次のような点を見直してみてください。

【聴覚過敏な子への配慮】

・防音シートは張っているか？

・道路と反対側の部屋を、一番過ごす時間が長い部屋にしているか？

【視覚過敏な子への配慮】

・落ち着いた色柄のカーテンやブラインドか？ ・壁紙は落ち着いた色か？

そこまで激しい感覚過敏はないけれど、物がたくさんあると集中できないという子どももいます。そういう場合は、宿題など、子どもに集中してほしいときだけ、子どもの目に入る家具や雑貨に白い布をかけるのも1つの手です。

目に入る情報を少なくし、一時的に視覚情報を遮断することで、子どもの集中力はぐんと上がるはずです。

子どもが発達しにくい部屋

子どもが発達しやすい部屋

寝起きの悪さも部屋しだいで、改善できる⁉

発達障害の子は、基本的に朝の目覚めがよくありません。お昼頃まで「低覚醒状態」が続く子もいます。

低覚醒状態になると、脳が目覚めていないために、体を起き上がらせることができず、食べたり飲んだり、勉強したりなどの日中のあらゆる活動が緩慢になりやすくなります。

低覚醒は発達障害の特性ですから年齢が低いときほど苦労しますが、少し工夫することで、改善の余地はあります。ちょっとしたことですが、いくつか工夫をあげますので、実践してみてください。

まずやってほしいのが、**起きたすぐあとに、子どもが嫌がることはしないと決めること。**

朝、子どもを叩き起こしたあとに「ほら、着替えて！」「まず顔洗ってきて！」など、子どもをどやしつけてはいませんか？ 時間がないので仕方がないとは思うのですが、これでは、子どもは朝起きるのがますます嫌になってしまいます。

子どもの寝起きをよくしたければ、やるべきは、この反対。

子どもの好きなこと、子どもが思わず起きたくなることを、朝の日課にしてしまいましょう。極端な話、「朝起きてすぐに、大好きなテレビゲームをする」「朝起きてすぐに、好きなアニメを10分見る」これをルーティンにしたっていいのです。

朝起きるのが楽しみになることをしていると、低覚醒でも、目覚めの機嫌はよくなります。目的は、子どもを布団から引きずり出すことですから！

「好きなことルーティン作戦」が効かない子どもの場合は、その子がぼーっとするであろう時間を見越して、その子を起こすようにしましょう。

起きてから最低15分はぼーっとしている子なら、その15分をあらかじめ確保して起こします。特性だから仕方ないとお母さんも割り切って、「待つ」ことにします。

子どもが少しずつ起きだして、顔を洗ったり、ごはんを食べ始めたりしたら、しっかり認めて「ごはん、食べてるね」「ジュースおいしい？」などと、笑顔で声をかけてくださいね。お母さんのにこにこ笑顔と穏やかな声で1日を始められたら、子どもはいい気分になるはずです。

どんな子もパッと起きられる「ちょっとした工夫」とは

・起きたときにパッと目に入る場所に好きなキャラクターのポスターを張っておく
・大好きなぬいぐるみを、寝室のドアの前に置いておく

なども、「気持ちよく起きるための原動力」になります。

要は、子どもの好きなものを引きにして、子どもを自発的に布団からはい出させるのです。

ただ、ADHDなどの衝動性の激しいタイプの子どもだと、あっというまにその対象に飽きてしまうので、日替わりとまではいかなくても、週単位で、置く場所や置く物を変えるなどの変化をつけたほうがいいでしょう。

反対に、自閉症スペクトラムの特性がある子には、あまり刺激や変化は必要ありません。

「9時になったら寝なくちゃ」の思い込みは捨てましょう

もし、いつもは10時に寝ているのに、9時半にお布団に入れた日があったら、それは素晴らしい「成功体験」です。そんな日はぜひ、30分早められたぶんを、子どもとお話をする時間にあててください。早く布団に入ると、こんなにいいことがあるという経験が、子どもの中に刷り込まれていきます。絵本の読み聞かせでもいいですし、今日あったことをお話ししてもいいです。

ただし、**注意してほしいのは、「9時に寝なくちゃいけない！」と時間に神経質になりすぎてしまうこと。**10時にならないと寝ない子は寝ません。10時に寝るからダメ、ということではなくて、もうそのリズムが染みついているなら、**「うちの子は10時が寝る時間！」と割り切ったほうが得策です。**

毎日がラクになる！
家庭でつくって使えるツール

ここでは少し志向を変えて、家の中で手づくりできて子育てがラクになるツールの数々を、ご紹介します。

すべて簡単にできるものなので、ぜひ試してみてください。

☆ツール1：指示出しがラクになる「やることボード」

まず、ホワイトボードを用意します。ボードの真ん中に線を引き、片方を「これからすること」、もう片方を「もう終わったこと」のスペースにします。

マグネットに「宿題」「お風呂」「ごはん」「明日の準備」など、子どもがやるべきことを書き、「これからすること」のところに張ります。

マグネットの数は多くても6つくらいがよいでしょう。

市販の丸いマグネットに油性ペンで書いてつくってもいいですし、札のようなかたちをしていて書き込みができるマグネットも、売っています。

こういうものは、子どもの手でも動かしやすいほうがいいので、カードのようなマグネットより、丸くて持ちやすいマグネットがいいと思います。

「これからすること」のところに張ったマグネットを、やり終わったら線の反対側に張りかえます。

これだけで、子どもがやることを「見える化」できるのです。

発達障害の子は視覚が強いことが多いので、ボードなどで見える化すると、自分のやることが口で言われるよりもすんなりわかるはずです。

こうすれば、お母さんの指示出しもラクになりますし、マグネットを動かす楽しさから、自分で進んで「やること」をおこなうようになる子も出てきます。

全部終わるとボードの上もスッキリして、気持ちがいいですよ！

ボードは、子どもがいつも目を向けているもの（たとえばテレビ）の横などに置いておくといいでしょう。

☆ツール2：朝の準備がスムーズになる「用意カード」

発達障害の子のお母さんの悩みで多いのが、朝の時間の過ごし方と身支度です。

子どもは寝起きが悪くてぼんやりしているので、お母さんが口で伝えた指示がなかなか聞けなかったりします。

ここで活躍するのが「朝の用意カード」です。

朝起きてやることをイラスト化し、やる順番に縦に並べて壁に張っておきましょう。

視覚優位な発達障害の子は、目で見ることで、やることを自分の中に落とし込むことができます。

イラストのように、子どもが見てパッとわかるカードをつくってあげられるといいですね。

☆ツール3：集中力を上げる！「信号マーク」

子どもに集中してほしいときに役立つのが、「信号マーク」のツールです。

2枚の画用紙にそれぞれ信号の絵を描いてつくります。

このとき、**1枚には「赤いランプ」がついている信号の絵、もう1枚には「青いランプ」がついている信号の絵を描いてください。**

そして、子どもが宿題などをしているときには、机の上に赤信号の絵を置いておきます。

ふざけだしたり、宿題以外のことをやり始めたら、「赤いランプがついている信号の絵」を指差して、

「今は、それはダメ！　赤信号だよ！」

と、子どもに伝えます。

口で言うよりも、この信号マークを見せたほうが「今は動いちゃダメなんだ」ということが、伝わりやすいのです。

逆にもう宿題も終わった子どもに対しては、〝青信号がついている絵〟を見せて、
「さぁ、宿題が終わったから、もう好きなことをして大丈夫だよ」
と、優しく伝えましょう。

視覚で見ることで、「今はなにをする時間なのか？」子どもは自分の状況をすんなり理解できるのです。

時間などの目に見えないものを理解するのが苦手な子が多いので、こうして視覚化することでサポートできます。

お母さんと楽しくできる遊びが、子どもの発達を促す

次は、家庭でできる子どもの発達を促すさまざまな遊びを紹介します。親子の会話も、遊びの幅も広がり、一緒に過ごす時間も何倍も楽しくなるはずです。ぜひ、取り入れてみてください。

☆遊び1：話がかみ合うようになる「しりとり遊び」

一方的に話し続けてしまう子には、会話のスタイルを体得するのに「しりとり遊び」が有効です。

シンプルな遊びですが、しりとりは、相手の「言葉」をよく聞いていないと成立しません。また、相手の言葉も待たなくてはいけません。自然と会話のルールが身につ

きます。

私のところにカウンセリングに来ていたお子さんの中に、人の話をぜんぜん聞かず、ずっと1人で延々と話し続ける子がいました。家庭でも、小学校でもその調子なので、お母さんもだいぶ頭を悩ませていたそうです。

そこで、私がお母さんに提案したのが、その子と一緒にスキマ時間に「しりとり遊び」をすること。

3限目で紹介した発達科学コミュニケーションを実践してもらいつつ、実際に1カ月ほど、スキマ時間のしりとり遊びを続けてもらいました。

最初のうちこそ、「からす、すいか、かめ……それでさ、学校でね……！」と、しりとりは1分も持たなかったのですが、しだいに、10分、20分としりとりが続くようになりました。

しりとりが長く続くのに合わせて、普段の会話も、しっかりかみ合うようになり、「相手の会話のターン」を待てる子になったのです。

☆遊び2：成功体験につながる「インタビュー」

単純に会話をするだけでも、子どもの発達を促す遊びになります。

会話の流れの中で、お母さんから子どもに、どんどん質問や疑問を投げかけましょう。興味を持って聞いてくれる人がいると、話している時間すべてが、子どもにとって「成功体験」になります。会話を通して自信を高めていける最強の遊びです。

発達障害の子は、好きなものへのこだわりがとても強いので、好きなものについて、どんどんたずねてみましょう。

「ねえ、教えて！ そのキャラどれくらい強いの？」

このように、「教えて」とお願いすれば、子どもは喜んで話をしてくれるはずです。

お母さんは、子ども専属のインタビュアーになったつもりで話を聞いてくださいね。

相手の話にどんどん質問するには、しっかり聞いて、内容を咀嚼《そしゃく》しないといけませんから、お母さんもコミュニケーション力を鍛えられますよ！

子どもが見ている世界をどんどん共有できますから、ものの見方が変わって、とても面白い発見ができます。

発達障害のお子さんの子育てをしていると、本当に時間に追われる生活になります。

着替えるだけで、どうしてこんなに時間がかかるの？ ひと口ご飯を食べさせるだけで、どうしてこんなに疲れるの？ と感じているお母さんも多いはずです。

だからこそ、どうしても普段の親子のコミュニケーションが、会話よりも、指示出しがメインになりがちに。ですから、発達障害の子のママたちは、案外、子どもと会話をする楽しさを体験している人が少ないと感じます。質問をうまく使って会話を楽しんでくださいね。

ゲームもテレビも、絶対にNGということはありません

テレビ、ゲームなどを「絶対にダメ！」として、子どもが使うことを制限している親御さんもたくさんいらっしゃいます。

確かに子どもにゲームをさせっぱなしにするのはよくないでしょう。ただ、**このようなメディアの制限にはよい面だけでなく、悪い面もあるので注意しましょう。**

悪い面とは、〝情報遮断〟が起こるという面です。

テレビやゲームなどのメディアを使わないということは、そこからの情報が遮断さ

れるということになります。メディアがもたらす情報量は莫大です。それと同じ量の情報を、親や友だち、祖父母など、まわりの人が発信してくれればいいのですが、それができない場合、子どもの脳に届く情報が少なくなります。

テレビをつけていなくても、その間、親子で会話をしていればいいのですが、テレビを消した部屋でまったく会話をしていないという家庭もあります。このような場合は、子どもに届く情報が少なくなるので、テレビがついていてもいいのではないかと、私は思います。

とくに発達障害の子で、言語発達が遅れている子は、2、3歳になってもあまり話さないことも多いので、親子の会話が少ないのであれば、むしろテレビで聞く言葉が刺激になることもあります。

逆に、5限目の冒頭でお話しした通り、「冒険できる家」になっていたら、視覚や聴覚の面で十分な刺激が得られるので、テレビなどのメディアがなくてもいいと思います。「親子の会話が十分にあるか」「冒険できる家か」これしだいで、メディアの取り入れ方も変わってきます。

メディアがよくないとされるのは、おそらく「見っぱなし」「つけっぱなし」になってしまう状況が生まれるからでしょう。確かに、ずっとテレビがついた状態はよくありませんが、子どもが楽しめるテレビ番組は、録画しておいて見せるという方法もあります。

子どもに、いつもつきっきりだとお母さんも疲れますから、ほどほどにテレビやDVDを活用して、自分が休める時間をつくってもいいと思いますよ。

注意が必要なのは、一定時間以上連続でゲームをして、終わったときに言葉遣いが乱暴になっていたり、子どもが凶暴になっているようなとき。

子どもがこんな変化をするなら、ゲームなどのメディアが脳に悪影響を及ぼしていると考えられ、遊ぶ時間が長すぎます。

その場合には時間をもっと短くして、子どもが凶暴にならない時間内で遊ばせてくださいね。

遊びにルールはナシ！　すべて子どもしだいと心得よう

子育て全般に言えることですが、「この遊びがベスト」「この勉強法がいい」「これさえできれば、あとはなくてもＯＫ」こんなふうに単純に言い切れることは、ありません。それは、子ども１人ひとりがみんな違うからです。

「だったら、うちの子だけの基準があればいいね」とも言えるわけです。

遊びも、会話も、コミュニケーションも、すべて「子ども側の状態しだい」ということ。子どもが楽しそうならＯＫ！　子どもの発達が促されていそうなことならＯＫ！　そのようにすべて子ども発信で考えていくようにしてください。

子どもが自発的にやることのすべてが、脳を発達させる遊びなのです。

親が漠然とイメージする「こうあってほしい」というものにあてはめて、遊びやコミュニケーションを考えていくと、子どもが置き去りにされてしまいます。

子どもは成長により、興味や好奇心の対象も変わってきますから、子どもをよく観察していれば、自然と、親子の遊びやコミュニケーションも変わっていくはずです。

6限目

お母さんが もっとラクになるために

お母さん、もっともっとラクしていいんです

さまざまな特性を持った発達障害の子の子育ては、定型発達の子ども以上に、成長のあらゆるステージにおいて、悩みやトラブルが次々と出てきます。

ただでさえ、子どもを育てることは大変なことの連続ですから、そこに発達障害という特性が加わっていれば、子育てはより大変になるでしょう。とくに、子どもと一緒にいる時間が長いお母さんの気苦労やストレスは、大変なものです。

日々頑張ることが当たり前になっているお母さんだからこそ、もっとラクに子育てをするよう心がけましょう。

「ラクに子育てをする」というのは、単純に子育てを気楽におこなう、子どもの特性を知って合理的に（ラクに）子育てをおこなうという意味だけではなく、お母さん自

身が抱えている子育ての悩みを手放して、ラクになることでもあります。
そのため、ここでは、

- **周囲とうまく連携して子育てをする方法**
- **「支援級に入れるべきか」など、学校に関する悩み・疑問の解決策**

などの具体的な項目を通して、お母さんの子育ての悩みを軽くするヒントをお伝えしていきます。

周囲とうまく連携して子育てをするために

子育ての悩みを1人で抱え込まないためにも、子育てをよりラクにおこなうためにも、夫や両親など、まわりにいる人との連携は必要不可欠です。

お母さんにとっては、まずは子どもの父親である夫にこそ、自分の最大の支援者になってもらいたいですよね？　でも、実際は、夫を味方につけるのに苦労することが多々あります。

いろんなケースがありますが、ここでは、相談者のお母さんたちからよく聞く夫のタイプを例にあげながら、その具体的な対応法を提示していきます。

もし、「夫が子育てに協力的でない」または「お母さんのやる子育てに理解を示さない場合」は、ここでお伝えする方法を試してみてください。

①「お母さんの子育てを理解していない」夫への対策

お母さんが必死で子どもの支援者になろうとしているのに、夫の理解が得られないと大変です。たとえば、かんしゃくを起こしやすい子に対して「発達科学コミュニケーション」を実践しているときは、124ページでお伝えしたステップ3の「子どもの感情に巻き込まれない」がとても大事ですよね。でも、お母さんがやっている子育てを理解していない夫は、

「おいおい、あいつ泣きっぱなしだぞ。なんとかしろよ」

「かわいそうに……泣いてるじゃん」

などと横やりを入れたり、ときには子どものかんしゃくをとめるために、子どもの言いなりになって、子どもの要求に応えてしまいます（悪気はまったくないのですが）。

いつもお母さんと子どもが一対一とはいきませんから、**子どもとの関わり方で注意してもらいたいことは、事前にお父さんと話し合っておいたほうがいいでしょう。**

たとえば、「かんしゃくを起こしやすい子は、しばらく放っておいてから、子どもが自発的に動くまで様子を眺めることが大事だ」と伝えたうえで、「大変だけど、しばらくすれば泣きやむはずだから、一緒にこらえてほしいの」と、伝えておきます。

あるいは、事細かに説明するのが難しい場合は「今、テレビで話題になっている脳科学をベースにした子育て法をしていて、タカシのようなかんしゃくが多い子には、こういう態度で接すると、すごくいいらしいの。だから、ちょっと大変なんだけど挑戦中なのよ！　あなたも一緒に見守ってくれる？」と、多少のウソがあってもいいので、相手を納得させるためにこんな言い方をするのもアリですよ。

・**ただ単に放っておいているわけじゃないこと**
・**戦略的にこういう態度を取っているということ**

これだけは、最低限伝えるようにしましょう。

②「オレもこうだったから大丈夫！　と聞く耳を持たない」夫への対策

発達科学コミュニケーションを効果的に実践するには、子どもの発達障害に対して、夫婦で共通認識を持ったほうがいいと先にお伝えしましたね。でも、「オレも子どもの頃、こんな感じだったから大丈夫だよ」と、そもそも発達障害に理解がない夫が、実はとても多いのです。

この場合は、①のケース（196ページ〜）のように、子育て術の重要性を説いてもなかなか伝わりません。

そんなときは、

・まずは、お母さん自身が発達科学コミュニケーションを徹底する

・子どもが変わっていく様子を、お父さんにも実感としてわかってもらう

このやり方を取ってみてください。

夫が子どもと一緒にいるときは、夫が発達科学コミュニケーションに横やりを入れることがあるので、成果が出るまで少し時間がかかるかもしれません。

しかし、コミュニケーション法を変えてお母さんが怒る頻度が減り、実際に子どもが変わっていく様子を見ると、このタイプのお父さんは、「おおっ、すごいね」とすんなり納得し、協力してくれるようになるはずです。

さらに、お父さんにも発達科学コミュニケーションを実践しておくと、夫婦間のコミュニケーションもこじらせずに済みます。

③「子どもへ激しく怒りを爆発させる」夫への対策

子どもへのコミュニケーション方法を理解させる以前の話ではあるのですが、こういうタイプのお父さんは、要注意です。というのも、お母さん以上に、子どもを激しく叱責してしまうからです。

子育てに協力してもらう前に、お母さんはまず、父親の怒りから子どもと自分を守ることを最優先させてください。

たとえばお父さんの機嫌が悪そう、イライラしていて、今にも子どもに怒りそう……というサインが感じられたら、お母さんはお父さんにバレないように、子どものフォローにまわります。

「○○君、お父さん忙しそうだから、今日はさっさと寝ちゃいな」

「△△ちゃん、今日は早めにお風呂に入ってね」

などと、お父さんが子どもを怒らなくて済むよう、子どもの行動を促すのです。

本書でくりかえしお話ししてきましたが、長い時間子どもと接するお母さんは、子どもの一番の支援者になってもらいたいんです。

「なにかあってもお母さんがいるから大丈夫」

「不安なことがあったらお母さんに話そう」

お子さんがこのようにお母さんをよりどころにできると、精神的にも安定します。

また、どんなにお父さんに叱責されても、家の中に「絶対的な味方＝お母さん」がいると信じられれば、落ち込んだりしょげたりすることも少なくて済みます。

一瞬気持ちが沈んだとしても、立ち直りも早いはずです。**いわばお母さんが「家庭における安全基地」になるんですね。**激しく叱責する夫の態度が気になったら、それを逆手に取り、お母さんは子どもをフォローする役割を進んで担っていきましょう。

そして、子どもとお母さんの信頼関係を強めていくきっかけにするのです。

夫婦でレクチャーを受けたほうがいいときも

③のお父さんの中には、自分の衝動を抑えきれずに怒ってしまったり、怒鳴り散らす人もいます。そのような場合、お父さん自身が発達障害である可能性もあります。子どもの発達障害のことがきっかけで「もしかしたら、夫も？」と気がかりになったら、ぜひ、1人で抱え込まずに、大人の発達障害の外来をたずねたりして、専門家の意見を聞いてみてください。

お母さんに絶対に知っておいてほしいポイントは、「夫まで変えようとしなくていい！」ということ。だって夫の発達は、お母さんの責任じゃありません。

子どもをなんとか育て上げようと思っているときに、お父さんの問題にまで自分1人で立ち向かおうとするのは、むしろNGです。お父さんの脳を変えるには、子どもを変える何倍もの時間がかかりますし、結果が出ないことだってあります。

夫と子どもの板挟みになって、お母さんが疲れ切って心身が健康でなくなることのほうが、よほどお子さんの発達には悪影響です。お父さんまで変えようとしない！

これがお約束です。

私がこれまで見てきた中では、③の怒りっぽいタイプのお父さんは、理屈っぽい傾向があり、また、社会的な地位が高くてプライドも人一倍高いという人が多いです。このような人は、お母さんの話には聞く耳を持たないということもあります。

そういう父親を子どもの発達支援の味方につけたいなら、一度専門家のカウンセリングを夫婦一緒に受けることをオススメします。妻の言うことは聞かないけれど、専門家の意見や診断には耳を傾ける……ということもあるからです。

「無理に理解されなくてもいい」という割り切りも大事

孫の教育に熱心なおじいちゃん、おばあちゃんが多いので、良くも悪くも子育てでは、祖父母との関わりも、重要になってきます。姑さん、舅さんとの関係に悩んでいるお母さんも、少なくないでしょう。

まず、子育てに関して、こちらの立場に立って心配してくれるタイプの祖父母なら、なにも問題ありません。子どもの発達障害のことを打ち明けると、「実は、うちの息子も昔大変だったのよ」と、自分自身も苦労した経験を話してくれる姑さんもいます。自分が苦労してきたから、お嫁さんにも同情してくれるんですね。そういうことなら、心強いです。

一番大変なのは、「ウチの孫に限って……」「そんなのは、ウチの家系ではありえない！」というような明らかな嫌悪感を示すタイプです。

もし、**こういう態度の片鱗《へんりん》を感じたら、その両親とは物理的な距離を取ったほうが**

よいでしょう。同居の場合は難しいかもしれませんが、遠方に住んでいるのなら、子どもの状態が落ち着くまで、会わなくていいし、電話もしなくていいです。

発達科学コミュニケーションが軌道に乗り、子どもの特性がよくなってお母さんに気持ちの余裕が出てきたら、会うことを考えてみてもいいでしょう。

もし、そのような両親が「あれがいいらしい」「この医者に診てもらったら?」「この食べ物がいいらしいわよ」などとアドバイスをくれたとしても、お母さんの信念に合わないものなら、堂々とスルーしてOKです。

とにかく、どんな責め方をされたとしても、**「子どもの発達障害はお母さんのせいじゃない」。**このことはしっかりと覚えておいてくださいね。

祖父母や親戚だけでなく、発達障害に理解がない人たちは、いろんなことを言ってきます。

「ちゃんとしつけていないから、こうなるんじゃないの?」

「それって、ただのワガママなんじゃない?」

……など。

グレーゾーンの子の特性は、重度の子とは違って際立ってはいないため、「ただのワガママ」「駄々っ子」「甘やかされている子」と捉えられがちです。

ただ、発達障害ではないのなら、いわゆる普通のしつけが成立するはずですから、お母さんが極端に「育てにくすぎる」「なんだかこの子、変だな……」という違和感を、数年にわたり抱き続けることはないはずです。

先のアドバイスに通じるのですが、当事者でない人の意見は真に受けず、ときには軽く受け流すようにしてください。

お母さんなりに子どもへのコミュニケーション法を変えたり、家族と相談していろんな対処方法を考えているのなら、それだけで十分です。外野の意見に振り回されて、余計なストレスを抱え込まないようにしてくださいね。

学校に関する悩みは、こうやって解決する！

子どもが楽しく学校生活を送れれば、お母さんも子育てに喜びを感じます。発達障害の子は、学校生活（＝集団生活）でさまざまなトラブルを起こしやすいですから、まずは、学校の先生をうまく巻き込むようにしましょう。そうすれば、お母さんの目の届かない所にも、子どもの支援者を増やすことになります。

ある程度経験のある先生や、力量のある先生なら、子どもの特性に合わせた臨機応変な対応ができます。

経験が浅かったり、初めて対応する特性の子どもに戸惑っている先生の場合は、どうしたらいいか困っていることもあります。先生という立場上、自分からお母さんに

「どうしたらいいですか？」と相談できないで悩みを抱え込んでいる人も多いのです。

先生自身も対応に困っている様子を感じたら、子どもに関する情報は、お母さんのほうから惜しみなく、先生に伝えるようにしましょう。

「うちの子には、こういう特性があるから、家ではこうするとうまくいっています」

「学校では、先生の判断で、……までしていただいていいですよ」

というふうに。

保護者との距離の取り方で悩んでいる先生も多くいます。思いきってこちらから洗いざらい子どものことを話してしまったほうが、お互いにラクだし、うまく連携できるということもあるのです。自分の支援者を増やすと思って、お子さんの担任の先生には、お母さんも心を開いてみるといいと思います。

普通級と支援級で迷ったときには

「普通級に入れたほうがいいのか、支援級で手厚く見てもらったほうがいいのか悩んでいます」

という相談は、お母さんたちから本当によく寄せられます。子どもの進級にともなって、とてもよくある悩みの1つですね。

左記に普通級と支援級の違いを簡単にまとめてみました。

まず、**お子さんに今、どんな支援が必要か、専門家の診断結果や日常生活の困り事などを考慮したうえで考えてみてください。**

もし学習面での問題を抱えているなら、家庭だけでフォローするのは難しいので、支援級に入るのは妥当な判断だと言えます。

基本的には、普通級に在籍している子が、科目別や活動別に支援級の授業を受けることはできません。

反対に、支援級に在籍している子が、音楽や体育の時間だけ、普通級に行くというケースはあります。

ただ、学校や行政により、多少ルールに違いはあるので、しっかり確認をしてみてくださいね。

普通級に在籍しながら、支援が必要な部分だけ個別指導を受けられる「通級」とい

普通級と支援級の違い

ポイント	普通級	支援級
先生について	典型的な知識は持っていても具体的な指導法を熟知するような経験豊富な先生はまだ少ない現状。	発達障害の知識があり、特別支援教育の知識を持った先生が担当(一部、免許なしのケースもあり)。
指導方法について	一斉指導が基本なので個別の配慮は手厚くない。問題行動が目立つケースは対策を打つ場合が多いが、読み書きなど学業部分の個別指導は家庭に任せられることが多い。	個別に指導計画が立てられるので、個別の配慮が受けられる。先生の目が届きやすい環境。支援級の規模が大きいほど専門的な先生が多く配置される傾向あり。
学習内容について	通常の学習内容。1～2年生では生活に密着した学習内容を勉強し、3年生くらいから、より抽象的・概念的な学習へと進み、つまずく子どもが増える。	生活に密着した具体的な学習をおこなう場合が多い。言葉、計算、お金の理解など、社会生活で困らないための基礎能力を養う。学力が十分にある子は物足りない可能性も。
友だち関係について	多くは男女が半々程度。問題行動が目立ったり、理解力が不足している場合、いじめや仲間はずれの対象にされることも。学年が上がると相手にしてもらえないという悩みもよく聞く。	発達障害が男児に多いため、男子の割合が高い。会話や活動を一緒に楽しめる友達を見つけやすいものの、学年ごとに人数などにムラがあるため小さな支援級だと、友だちが物足りない場合も。
子どものメンタルについて	ほかの子との違いに気づいてストレスを抱えたり、不安がつのってストレス過多になるケースがある。登校をしぶったり、体調の変化(腹痛など)があれば、注意が必要。	大きな問題は抱えにくく、不安が少なく楽しく活動する子が多い。「どうして自分だけ違う教室に行くのか」と問う時期が来たら、本人の納得を促す話が必要。
進路について	途中から支援級に入る、フリースクールに入るなども選択肢として持っておく。指導が受けられている場合はいいが、学校で放置されていたような場合には、基礎学力が養われていないケースも多い。	そのまま中学校も支援級へ進む場合がほとんど。高校も特別支援に行くと、就労に直接つなげる指導がおこなわれる。高校卒業後は、支援校と就職先のネットワークを利用し、就労する子が多い。

う制度もありますが、週に数時間というわずかな時間なので、どれだけ効果があるかは、先生の力量しだいというのが現状です。

グレーゾーンの子の場合は、普通級ではついていくのが大変だけど、支援級では持て余してしまう……というケースが多いです。

そう考えると、支援級か普通級か、グレーゾーンの子であれば、とても悩ましい問題とも言えます。

●まず、子どもにどんな支援が必要かを考えよう

支援級か普通級か悩むことがあったら、**「この子の成長（発達）にとって、今なにが必要か？」**――それをまず、第一に考えてみましょう。

私の経験上、日常の困り事はそれなりにいろいろあるのだけれど、学習面での問題はなく、かつ精神面でも大きな問題がないなら、普通級でも十分、子どもの発達を促すことはできると思います（お母さんが家庭で支援者になることが大前提ですが）。

一方で、学習面で大きな問題があるのなら、普通級でやっていくのは、難しい場合があります。そのような子が無理をして、普通級に通うと、腹痛・下痢・発熱などの体調不良が続くことがあります。子どものメンタルの不調は、体の不調として出てきやすいからです。毎日のように、学校から泣いて帰ってくるお子さんも多いので、見ているお母さんもつらいはずです。

このようなケースは、支援級に入るほうがいいと、私は考えています。

支援級と聞くと、もうそれだけで、社会から疎外されたようなイメージを持つからでしょうか。お子さんを支援級に入れることを拒む親御さんも少なくないのですが、子どもの発達の面から言えば、その子の成長に合わせた環境を選ぶことが、最も大切です。

たとえば、普通級では同級生とは話ができず、クラスから浮いていたものの、支援級に入ったとたんにクラスの子と会話が弾んで、それだけで笑顔が増えたという子を、私はこれまでにたくさん見てきました。実際に、わけもわからず普通級でただ座って一日中過ごしているよりも、支援級のほうが発達も進みます。

また、支援級は少人数で、先生のフォローが手厚いですから、お子さんの気持ちが安定するということもあります。支援級には発達の専門家がいる確率が高いので、そういう先生に見てもらえるメリットもあります。

新しい取り組みになりますが、一度支援級に在籍して、特性がよくなってからまた普通級に戻ることが可能という学校もあります。一度、その学校の取り組みについて先生にたずねてみてもいいでしょう。自分の中の常識とか周囲の目ではなく、お子さんのことをよく見て、考えてほしいと思います。

支援級に行くと、学習面で遅れが出る？

成績が下がる、普通級の同学年の子どもたちよりも勉強面での遅れが出る……などの理由で、支援級にためらいを感じる親御さんもたくさんいます。

ただ、長い目で見て「お子さんの発達のために、今なにが必要か」、それを考えてもらいたいのです。

学習面での遅れよりも、発達障害の特性により生じるさまざまなトラブルや「自信

の喪失」のほうが、後々深刻なダメージを与える場合もあります。

小さな頃に十分に自信が育たないと、社会生活や自立の面で、その子が後々苦労することになります。一時学習面で遅れが出たとしても、精神的に安定してくれれば、グレーゾーンの子はもともと知的には問題がないですから、いくらでも遅れをリカバリーできます。

「転校」という選択肢が浮かんだときに、考えてほしいこと

今通っている学校でうまくいかないときはガラッと環境を変えて、心機一転スタートするというのもいいと思いますが、「転校」は慎重に判断しましょう。

というのも発達障害の子は、新しい環境になじむのに、とても時間がかかります。環境が変わることは、むしろ、ストレスになることのほうが多いのです。転校させたことで、よけい子どもに負荷がかかることもあります。

私は、お母さんが一番の支援者になり、家庭を発達支援の場とするのが、発達障害の子、グレーゾーンの子の成長のためには最も確実な方法だとアドバイスし続けてい

ます。たとえ学校を変えても、家庭での親子のコミュニケーションがうまくいかなければ、根本的な問題はあまり変わらないのではないかと思います。

つらいことかもしれませんが、まずは、お子さんの状態をよく見てみましょう。そして、学校の先生やスクールカウンセラーなどとも連携して、お子さんがどんなトラブルを抱えているか、どうしたら解決するか、現状をよく把握してみてください。加えて、ご家庭でお子さんの話をよく聞いて（話をしないお子さんなら、お子さんをよく観察して）、親子のコミュニケーションを見直してみましょう。それでも、うまくいきそうもなければ「転校」という選択肢を考えてみてもいいかと思います。

現実を直視せず、逃げるように「転校」を視野に入れるのは、お子さんにとっても負担になりますし、ご家族にとっても大変な決断です。焦らずに、考えてみてくださいね。

お母さんが子育てで〝心折れない〟ために

幼児期になにかしら発達障害の兆候があったら、行政がやっている療育センターを勧められることと思います。

「療育センターに通うのは、なんとなく嫌だ」という親御さんも多いのですが、療育センターは専門家の支援が受けられる場所ですから、1度は行ってみてもいいですよと、私はアドバイスしています。

就学してしまうと、ほとんどの地域では、発達障害の子が受けられる公的な支援はなくなるのが通常です。就学することで、支援の場が「地域」から「学校」に移るからです。

幼い頃にお母さんの考えで、せっかくの療育を受けないでいると、年齢が上がった頃には、支援を受けることができません。すると、せっかく受けられる支援の機会を逃すことになってしまいます。

低年齢のうちから、家以外の場所にも支援の選択肢をつくっておくと、お母さんの気持ちのうえでもラクになりますよ。

頑張りすぎなお母さんに知ってほしい「カサンドラ症候群」のこと

あまり聞き慣れない言葉ですが、近年「カサンドラ症候群」に悩まされるお母さんが増えています。発達障害の夫を持つ妻が、夫とのコミュニケーションにトラブルを抱えてうつ病などの精神障害を発症してしまうというものです。

夫婦なのに、理解してもらえないつらさ、会話ができない苦しさなどから発症するものなのでとても深刻なのですが、精神科医などの治療者に、背景にある問題を知ってもらえないと、単なるうつ病と診断されてしまうケースも多いです。

カサンドラ症候群を発症した女性の配偶者（夫）は、他責傾向が強いので、「お前が悪い！」など、何事においても妻を激しく叱責します。

大概において、自分の感情を爆発させる男性の多くは、プライドが高く社会的な地位も高い傾向にあり、妻のほうは、「自分に非があるんだ」と思いがちです。そのため、夫とは対象的にお母さんは自責の念をどんどん強めていきます。当然、精神状態は悪化する一方です。

発達障害の子どもの悩みから、夫の発達障害を疑い始めるお母さんも少なくありません。そういうお母さんは、カサンドラ症候群の予備軍とも言えます。決定的な予防法があるわけではないのですが、やはり、1人で抱え込んでしまうと症状を悪化させるので、次のようなことに注意してください。

① 自分を責めない

子育てがうまくいかないのは、お母さんのせいではありません。

カサンドラ症候群になりやすい女性は自分を責めやすいので、まず、自分を責めないことから始めましょう。さらにこのタイプは、「あれもやらなくちゃ」「これもやらなければ」と、自分を自分で追い詰めがちなので、意識してやることを減らして、自分のための時間を少しでも持つようにしてくださいね。

②素直な気持ちを夫に伝える

夫婦ですから、できるだけ思いは言葉にして伝えたほうがいいでしょう。夫の言動に本当に困っているなら（少しでも聞く耳を持ってくれそうならでいいのですが）「あなたのこういうところが、大変、困る」「あなたにこう言われて、私はこう思った」と率直に伝えて、夫が改善できるところは改善してもらいましょう。

ただ、発達障害の程度が重い夫の場合は、それが症状なので、言うだけでは改善できないこともあります。そのような場合は、それとなく発達障害の本についているチェックリストなどをやってみて「……けっこうあてはまってない？」「もしかしたら、あなたも発達障害なんじゃない？」と、水を向けてみるのもいいかもしれません。

本人が自覚するのが、治療の第一歩になります。

③子どもの発達支援に集中する

「夫が発達障害＝子どもも発達障害」というわけでは、決してありません。

ただ、201ページでふれたように、子どもの発達障害のことがきっかけで「もしかしたら、夫も……？」と気づく女性が実はとても多いんです。そういう女性達は、子育ての悩みが多く、ストレスを抱えています。子育ての悩みは、子育てがうまくいけば解消しますから、ぜひ、自分の子育てをラクにするためにも、本書で提案している「発達科学コミュニケーション」を実践してみてください。

カサンドラ症候群の予備軍は、基本的にあれもこれもと足し算の思考法で自分に負荷をかけていきますから、あれこれ試さず、1つのコミュニケーション法の実践だけに集中するのがいいと思います。

おわりに

発達支援の中でも、私が「コミュニケーション」にこだわるのには理由があります。それは私自身が学校を休みがちな「体の弱い、手のかかる子ども」だったから。学校の先生には「もっと根性が必要だね」とか、「精神力を強くして病気に勝とうね！」と言われていました。

そのように励まされるたびに、幼い私は心の中で「そっか。私、根性がないからダメなんだ……頑張らなきゃ」と思っていたことを、はっきりと覚えています。

それからというもの、自分で体調をコントロールできず学校を休むたびに、ジレンマと後ろめたさを感じていました。子どもの頃の私は「頑張らなくちゃいけないのに、私ってダメだな……」という思いを持ち、毎日を過ごしていたように思います。

そんなときに、ある人が「苦しいよね。よく頑張ってるよ」とひと言、声をかけてくれたのです。「わかってくれる人がいるんだ！」という新鮮な驚きとうれしさに、私は救われた気がしました。

　これが、私が「言葉のチカラ」にふれた最初のできごとです。

「言葉のチカラで子どもたちを導きたい」という夢ができた私は、学校の先生を目指して勉強し、その過程で、「発達障害」と出合いました。

　発達障害の子どもたちが置かれている状況が、まさに、子どもの頃の私と同じに思えたからです。

　発達障害を自分の専門にしたいという意欲が湧いた理由は、ただ1つ。

　発達障害の子どもたちはさまざまな特性があり、そのために毎日叱られ続けています。そして「自分はほかの人とは違う、ダメな人間なんだ……」と感じ、ダメだとわかっていても、自分を変えられない苦悩を抱えているのです。それは、私が幼少期に抱えていた思いと同じだと思います。

　自分の価値を信じられなくなり、未来の可能性を閉ざしてしまうのは、失敗によってではなく、ネガティブなコミュニケーションによってなんだと気づいたときから、これまでの発達支援に欠けているものが見えるようになった気がします。

発達障害は、気持ちで乗り越えるものではありません。脳のメカニズムを知って対応をすることで、子どももお母さんももっとラクになるし、毎日楽しみながら成長していくことができます。

子どもの脳が発達するコミュニケーションで、子どもの未来が拓けることを、お母さんたちに知ってほしいと思っています。そして「頑張りすぎるお母さんを減らしたい！」というのが、今の私の願いです。

発達障害やグレーゾーンのお子さんを育てるママは、「人に迷惑をかけてはいけない」と、不安になったり、焦ったりしています。子どものためを思えばこそ、強く子どもを叱っているとしても、そんな自分に自己嫌悪を抱えている方も多いでしょう。

しかし、落ち込む必要はありません！　脳の成長は一生続きます。幼少期に対応したほうがいいものも確かにありますが、もともと脳の発達は時間をかけて進むものなので、むやみに焦らなくてもいいこともたくさんあるのです。

今まで世界を変え、引っ張ってきたのは「元発達障害」とも言える偉人・著名人たちです。そう考えると、発達障害・グレーゾーンの子どもたちの可能性は無限大！私はこの仕事を、未来の世界を切り拓く「原石」を磨く仕事だと確信しています。お母さんのコミュニケーションで、原石が光り輝いてくれることを願ってやみません。

この本を手に取り、「私も我が子のためにしっかりやってみたい！」と思ったお母さんは、ぜひ私の「発達科学ラボ」の公式ホームページ「パステル総研」をのぞいてみてください。お子さんの未来への扉を用意して待っています。

最後になりましたが、この本の完成までともに歩んでくださった青春出版社・プライム涌光の宮島菜都美さん、現在の仕事の立ち上げから温かく見守りご指導してくださっている相葉光輝さんに、この場を借りて感謝申し上げます。

２０１８年６月吉日

吉野加容子

発達科学コミュニケーションを
より詳しく知りたい方へ

発達科学コミュニケーション
公式ホームページ
「パステル総研」
https://desc-lab.com/

1日1分で読める！　ゼロから学べる
「発達科学コミュニケーション」
無料メール講座
https://desc-lab.com/maillesson/

著者紹介

吉野加容子　発達科学コミュニケーショントレーナー。学術博士、臨床発達心理士。慶應義塾大学大学院（博士課程）修了。脳科学をベースにした発達障害の発達支援が専門。初めて担当した「ひと言も話せない自閉症児」とのコミュニケーションに苦労した経験から、脳の発達の知識が欠かせないと気づき、脳科学の研究を行う。大学院卒業後、企業の脳科学研究、医療機関での発達支援に従事したのち、脳科学、教育学、心理学のメソッドを合わせた独自の発達支援プログラム「発達科学コミュニケーション」で、子どもの発達を加速する「発達科学ラボ」を設立し独立。15年間、発達に悩む親子へのカウンセリング、発達支援を行ってきた実績を持つ。自身が医療過疎の地域で育った経験から、すべての子どもに発達支援を届けたい想いで始めたオンラインを活用した発達相談や講座は日本全国・海外から利用されている。著書に『脳を育てる親の話し方』（共著、小社）、『脳が喜ぶ子育て』（共著、世界文化社）がある。

発達障害《はったつしょうがい》とグレーゾーン
子《こ》どもの未来《みらい》を変《か》えるお母《かあ》さんの教室《きょうしつ》

2018年7月1日　第1刷
2022年1月25日　第3刷

著　　者　吉野加容子《よしのかよこ》

発行者　小澤源太郎

責任編集　株式会社 プライム涌光
電話　編集部　03(3203)2850

発行所　株式会社 青春出版社
東京都新宿区若松町12番1号 〒162-0056
振替番号　00190-7-98602
電話　営業部　03(3207)1916

印　刷　中央精版印刷　　製　本　大口製本

万一、落丁、乱丁がありました節は、お取りかえします。
ISBN978-4-413-23093-3 C0037